अम्बर में अबाबील

अम्बर में अबाबील

उदय प्रकाश

की

कागज़ पर कविताएँ

वाणी प्रकाशन

वाणी प्रकाशन

4695, 21-ए, दरियागंज, नयी दिल्ली 110 002

फ़ोन : +91 11 23273167 फ़ैक्स : +91 11 23275710

शाखाएँ

अशोक राजपथ, पटना 800 004, बिहार

कॉफ़ी हाउस कैम्पस, महात्मा गांधी मार्ग, इलाहाबाद 211 001, उत्तर प्रदेश

महात्मा गांधी अन्तरराष्ट्रीय हिन्दी विश्वविद्यालय, वर्धा 442 001, महाराष्ट्र

सुल्तानिया रोड, मोतिया पार्क, भोपाल 462 001, मध्य प्रदेश

www.vaniprakashan.in
marketing@vaniprakashan.in
sales@vaniprakashan.in

AMBAR MEIN ABABEEL
by Uday Prakash

ISBN : 978-93-89012-22-4
Poetry Collection

प्रथम संस्करण 2019

कलापक्ष : गणेश विस्पुते

मूल्य : ₹ 199

सिटी प्रेस, दिल्ली-110 095 में मुद्रित

वाणी प्रकाशन का लोगो मक़बूल फ़िदा हुसेन की कूची से

कवि और कविता का होना न होना

यह मेरी कविताओं का पाँचवाँ संग्रह है। इसे अपने पाठकों के सामने प्रस्तुत करते हुए मुझे सचमुच सन्तोष और आन्तरिक ख़ुशी हो रही है। पहला कविता संग्रह पिछली सदी के आठवें-नौवें दशक में, 1980 में प्रकाशित हुआ था—**'सुनो कारीगर'**। उस समय से आज तक लगभग चार दशकों की लम्बी अवधि के दौरान बहुत कुछ, या कहें—सब कुछ बदल चुका है। सदी ही नहीं, हज़ार वर्षों की काल-रेखा खींचने वाली पूरी सहस्राब्दी बदल चुकी है...दिक् और काल, समय और यथार्थ बदल गया। उसका बाहरी रूप या हुलिया ही नहीं, उसका आन्तरिक आयतन और क्रियात्मक चरित्र बदल गया। समाजों का ताना-बाना बदल गया, मानवीय सम्बन्ध, परम्पराएँ और जीवन-मूल्य बदल गये।

...और पिछली 20वीं सदी के अन्तिम दशक तक पहुँचते-पहुँचते सभ्यता ने ऐसी तकनीकी छलाँग ली कि अतीत की कई जानी-पहचानी दुनिया का नक़्शा ही बदल गया। बहुतेरे राष्ट्र, देश, समुदाय, भाषाएँ विलुप्त हो गयीं।

अपना अतीत अन-पहचाना हो गया। एक नयी दुनिया, नये बाशिन्दों के साथ साक्षात् और अगोचर बनती-बदलती-मिटती अब अचानक सामने थी। इसकी भाषा और बोध नया था। 'ग्रांटा' (Granta) समेत संसार की प्रसिद्ध साहित्यिक पत्रिकाओं ने विशेषांक निकाले—'प्रौढ़ उम्र का संकट' (Middle Age Crisis)।

1980 में प्रकाशित अपने पहले कविता संग्रह–**'सुनो कारीगर'** से 2019 के इस पाँचवें कविता संग्रह–**'अम्बर में अबाबील'** तक आते-आते मैं स्वयं 28 वर्ष से 68 वर्ष का हो गया। इन चार दशकों के अन्तराल में **'अबूतर-कबूतर'**, **'रात में हारमोनियम'** और **'एक भाषा हुआ करती है'** वे मोड़ थे, जहाँ जीवन के अलग-अलग पलों में लिखी गयी कविताएँ कभी एक जगह एकत्र हुई थीं।

इन बीते चार दशकों के लगातार भटकते जीवन ने मेरी देह में ही अपनी अनगिनत अबूझ, उलझी हुई रेखाएँ नहीं उकेरीं, मेरे भीतर की चेतना या आन्तरिक अनुभव-लोक में भी बहुत कुछ तमाम टूटा, बना, बिखरा, जुड़ा, नष्ट और विनष्ट हुआ। जीवन की इस टूट-फूट, ध्वंस-निर्माण की स्मृतियाँ भी किसी एक निरन्तरता में एक जैसी नहीं रहीं। स्मृतियाँ लगातार अपना रूप-आकार-प्रकार बदलती रहीं। उनका स्थापत्य, उनका शिल्प, उनकी भाषिक संरचना बदलती रही। यह सब कुछ इस हद तक कि कई बार मैं स्वयं चकित हुआ कि क्या ये मेरे ही जीवन की स्मृतियाँ हैं? और क्या वह जीवन मेरा ही था, जिसे मैंने जिया?

तो अब जो मैं हूँ, क्या मैं अपनी ही कोई प्रतिलिपि हूँ? कोई परछाईं, प्रतिच्छाया, एक धुँधली स्कैंड कॉपी? अपने भौतिक-सामाजिक 'वास्तव' का कोई 'भूत' (प्रेत/घोस्ट)? अपनी ही पुरानी आवाज़ की कोई ऐसी अनुगूँज, जिसे सुनते हुए सन्देह होता है कि क्या यह मेरे ही गले से निकली हुई किसी विस्मृत आवाज़ की प्रतिच्छाया है? अनुगूँज?

...और क्या मैं दरअसल अपने इस बचे-खुचे किसी कदर जीवन में अपने ही अतीत का कोई धुँधला, अपरिचित-सा प्रतिबिम्ब या फिर प्रामाणिक सटीक और मौलिकता से भरा

हुआ एक वैध फ़ोटोकॉपी हूँ? वह जो अपने होने का कोई मर्यादित, औपचारिक, मौलिक, मानवीय, आधारकार्ड अपने समय की तरह-तरह की सत्ताओं से माँगता है।

या कहीं ऐसा तो नहीं था कि मेरे इस जीवन को, मेरे साथ, मेरी ही देह में, कई अन्य व्यक्ति भी जीते रहे?

कभी पुर्त्तगाली साहित्य के विख्यात कवि पेसोवा फेर्नान्दो ने शायद यही अनुभव किया था और अट्ठारह या पचहत्तर अलग-अलग नाम और व्यक्तित्व के साथ कविताएँ लिखते रहे। विलक्षण और रोचक तथ्य यह कि वे सभी बिल्कुल भिन्न आत्म (सेल्फ़) के कवि अपनी कूट अस्मिताओं के साथ, अलग-अलग व्यक्तिवाचक संज्ञाओं में, एक ही कवि के भीतर रहते थे।

क्या पेसोवा उनमें से किसी भी एक में स्वयं को खोज सकते थे?

यह कोई औपनिषदिक या अस्तित्ववादी अबूझ दार्शनिक प्रश्न नहीं है। हर पल इतने अयाचित और आकस्मिक तरीक़े से बदलते वैयक्तिक जीवन और बाहरी यथार्थ या भौतिक संसार की निरन्तर, अनवरत काल-रेखा के किसी एक पल में स्वयं को पहचानना, उसे चिह्नित करना और उसे अपने लिए 'फिक्स' करना लगभग असम्भव-सा कठिन होता है। किसी भी जीवित इकाई, और यदि वह सबसे जटिल और संश्लिष्ट इकाई हुई—मनुष्य की तरह, तो तय मानें कि उसकी अन्तःचेतना का कोई बायोमीट्रिक गणनात्मक आधारकार्ड बन पाना बहुत सम्भव नहीं है।

'मुझे नहीं पता, मैं कब सोचता हूँ या अनुभव करता हूँ/वह कौन है, जो सोचता और अनुभव करता है?' यह पेसोवा के दोस्त क्लासिसिस्ट, डॉक्टर कवि फेदेरिको रेईस

ने लिखा था, जो कोई और नहीं, पेसोवा स्वयं ही था। कोई 'तखल्लुस', कोई छद्म उपनाम नहीं, उसके अपने अस्तित्व की आत्म-बहुलता... हेट्रोनिम। अविभक्त लेकिन पृथक और भिन्न व्यक्तित्व। पेसोवा की मृत्यु के दो सप्ताह पहले फेदेरिको रेईस की अन्तिम कविता अपने ही 'अन्य आत्म' पेसोवा को ही समर्पित थी :

'मैं सिर्फ़ एक जगह हूँ, जहाँ चीज़ें सोची और महसूस की जाती हैं/मेरी एक नहीं, एक से ज़्यादा कई आत्माएँ हैं, मेरे अपने मैं से अधिक कई मैं और हैं।'

पेसोवा ने स्वयं लिखा :

'सीमित आत्मा बहरे और अन्धे के लिए है/

मैं हर चीज़ का, हर एक सम्भव तरीक़े से अनुभव करना चाहता हूँ/

...यदि मैं अपने में अनुपस्थित हूँ, और जो कुछ भी मैं अनुभव करता हूँ, वह दूर है,

तो कैसे मेरी आत्मा कहीं से आ कर,

एक किसी अकेले अस्तित्व पर कब्ज़ा कर सकती है?'

ध्यान रहे फेर्नान्दो पेसोवा बहुतेरे हिन्दी कवियों जैसे आत्ममुग्ध, आत्मकेन्द्रित या स्वयं से सम्मोहित कवि नहीं थे। उनका जीवन बाहरी सामाजिक उथल-पुथल से गहराई से आक्रान्त था और वह उससे प्रतिकृत होता हुआ उससे टकराता संवादरत भी था।

कभी रोलां बाथ ने लेखक को 'पेपर बीइंग' कहा था, मैं तो पिछले कुछ दशकों में वह भी नहीं रहा। काग़ज़ तक को मेरी रचनाओं से इस सत्ता-तन्त्र ने छीन लिया। पिछले कई दशकों से किसी पत्र-पत्रिका के पन्ने पर मेरी रचनाओं के घर

का डाक-पता दर्ज नहीं है। सम्पादकों, संचालकों, प्रायोजकों, अधिकृत व्यक्तियों और उनके समुदायों-संगठनों ने जो कुछ किया, वह उनके उसी सर्वव्यापी अकारण हिंसा का अनुषंग है, जो अब किसी दुःस्वप्न की तरह समूचे समय और मानवीय पर्यावरण तथा पारिस्थितिकी में व्याप्त है। अपनी निर्मम ताक़त, झूठ, अन्याय और डरावनी अफ़वाहों के साथ। काग़ज़ों-किताबों, खेत-खलिहानों, जंगलों-जमीनों, संगठन-संस्थाओं, घर-आँगनों, नदियों-विचारों से एक साथ ऐसी अवमानित बेदखली हुई, जो क्यों था, इसका उत्तर मेरे जीवन और मेरी नष्ट की गयी रिज्युमे में ही नहीं समूचे देश की बहुसंख्यक जनता के हालात और नियति के बीच मौज़ूद है।

कहा जाता है कि मानव सभ्यता के अब तक के इतिहास और इतिहास से भी बहुत पहले की श्रुति और स्मृति में, ऐसा विस्थापन, ऐसा भू-व्यापी पलायन इतनी मात्रा और व्यापकता की प्रत्यक्ष और अप्रत्यक्ष हिंसा के साथ पहले कभी इस पृथ्वी पर नहीं देखा गया। 2011 में मैंने कहा था कि 'लेखक भाषा का आदिवासी होता है।' भाषा ही उसका जल-जंगल और ज़मीन है। वही उसका जनपद, गाँव, घर और मातृभूमि है। शायद देश और राष्ट्र भी है। लेकिन बहुत विदारक ढंग से लगता है कि आज आदिवासी और भाषा का एकांतिक मूल कर्मी, जिसे मैं 'भाषा' का 'किसान' या 'मज़दूर' कहा करता हूँ, दोनों की नियति एक है।

यही, अत्यन्त संक्षेप में वे वजहें हैं कि इस कविता संग्रह का शीर्षक है—**'अम्बर में अबाबील'**। ऐसी कविताएँ, जिन्हें कभी किसी काग़ज़ पर भौतिक जगह नहीं मिली। ऐसी अबाबीलें जिनके घोंसलों, शरण्यों के हर ठिकाने पर पाबन्दियाँ आयद की गयीं। जिन पेड़, पुल, इमारतों, मेहराबों में वे दुनिया का सबसे नायाब अपना घर या घोंसला बना सकती थीं, वहाँ

उनका या तो आना वर्जित कर दिया गया, या वे ठिकाने समय की तेज़ अन्धड़ में एक सामान्य-स्वाभाविक प्रक्रिया में, स्वयं ही विलुप्त हो गये।

इक्कीसवीं सदी के ये शुरुआती दशक किसी शान्त, एकान्त और अलग-थलग बसेरों की ओर युद्धमुद्रा में जाते उन टैंकों या बुलडोज़रों जैसे थे, जिनका इंजन निर्बलों की लहू से मलबों और लाशों के ऊपर चलता था।

इस संग्रह की कविताएँ उन अबाबीलों की तरह हैं, जो तरह-तरह की माफियाओं की विकास परियोजनाओं में जलती और नष्ट होती वह धरती, जो हर रोज़ 'अन्यों' और 'परायों' की लाशों से पटती जा रही है, उस धरती से दूर और ऊपर, आकाश में अपना ठिकाना खोज रही हैं। इन कविताओं की उड़ान में अब थकान है। पंख टूटते और हवाओं में गिर कर किसी भी दिशा की ओर तिर रहे हैं। दिशाहीन।

इस संग्रह की कविताएँ साइबरस्पेस में अपना घर और अपने घोंसले की खोज में उड़ान भरती विस्थापित कविताएँ हैं। ब्लॉग, फेसबुक, वर्चुअल नोट्स, इंस्टाग्राम, व्हाट्सएप के आभासी अम्बर में अपने होने को प्रमाणित करती कविताएँ।

कहा जाता है कि अबाबील का घोंसला संसार भर के तमाम पक्षियों से अलग और विरल घोंसला होता है। इन घोंसलों का स्थापत्य और इनका इंटीरियर इतना हैरतअंगेज़ होता है कि जब पाषाणकाल के मनुष्य ने गुफाओं से निकलकर अपना घर कहीं बनाना चाहा, तो उसने अबाबील के घोंसलों की नक़ल की।

मेरे गाँव में मेरा घर लगातार सूखती जाती और रेत माफियाओं की हिंसा के कारण मरती जाती सोन नदी के ठीक तट पर है। बचपन में नदी के आसपास के ऊँचे कीकर-पाकर

के पेड़ों या पुराने बूढ़े बबूलों, जंगली बेल की सूखी डगालों या नदी को ऊपर से पार करते पुल के तल्लों और खम्भों के कोनों में छोटे-छोटे बैलूनों या शंकुल बोतलों की तरह अबाबीलों के घोंसले हुआ करते थे। बहुत सारी अबाबीलें हमारे बचपन में थीं। आसपास जंगल, जो बहुत दूर तक दक्षिण में विन्ध्य और मेकल और उत्तर में भिलाईं डोंगरी के पार तक फैला हुआ था, से घिरा बहुत छोटा-सा गाँव था। उसकी स्मृति अब स्वप्न में भी साफ़-साफ़ नहीं दिखती। सब कुछ धुँधला हो चुका है। लेकिन इक्का-दुक्का अबाबील अब भी कभी-कभार आकाश में भय, अफ़वाह, किंवदन्ती और अपवाद की तरह उड़ती हुई दिख जाती हैं। वे पहले बचपन की तरह हमारे पास नहीं आतीं। उन्होंने हमसे और हमारे समय से अपना परिचय खो दिया है। हम धरती पर जिस तरह एक-दूसरे के लिए सन्दिग्ध और अजनबी हैं, वे भी अब गाँव के लोगों के लिए 'एलियन' हैं। किसी अन्य समय और ग्रह के आप्रवासी परिन्दे। लगभग चार दशकों के बाद अपने परिवार के साथ अपने घर लौटते मेरी तरह ही।

बचपन में कभी-कभी किसी अबाबील के गिरे हुए घोंसले को हम गहरी उत्सुकता के साथ ठीक बीचोबीच क्षैतिज तरीक़े से, दो हिस्सों में काटते थे, तो आश्चर्य से भर उठते थे। अपने लिए शायद हम इन घोंसलों जैसा ही घर कभी भविष्य में बनाना चाहते थे। लिविंग रूम, भण्डार कक्ष, सोने का कमरा, खिड़कियाँ और दरवाज़े। हर घोंसले का एक चोर दरवाज़ा भी हुआ करता था। अगर कोई शिकारी बाज या चील आ जाये तो बच्चों के साथ कैसे उस घोंसले से सुरक्षित जीवित बाहर निकलें। विलक्षण तथ्य यह भी था कि हर एक अबाबील का घर किसी अन्य स्वजातीय अबाबील की तरह, किसी प्रचलित परम्परा के बाहरी स्थापत्य और

आन्तरिक बनावट में नहीं होता था। हर एक अबाबील का घोंसला अपने में 'अद्वितीय' था। किसी भी दूसरे से भिन्न। हर अबाबील के घोंसले में एक अलग वैयक्तिक छाप होती थी। एक स्पष्ट इंडिविजुअलिटी।

शायद उनमें से हर एक का जीवन, उड़ान, अनुभव और स्मृतियाँ भी अलग, भिन्न और निजी होंगी, भले ही वे सब विलुप्त होती अबाबीलें एक ही लिंचिंग-शिकारी समय में एक ही नियति की दिशा में जा रही हों।

इन कविताओं को साइबर से किताब में उतारकर बसाने वाले दोस्तों, शुभचिन्तकों का मैं हृदय से आभारी हूँ। यह किसी औपचारिकता में नहीं कह रहा हूँ। विस्थापन, निर्वासन, बे-दखली, भय, गृह-विहीनता, दिशाहारापन, व्याकुलता इन अधिकतर कविताओं में है। कहीं-कहीं क्रोध, उत्पीड़ित व्यंजना, वक्रोक्तियाँ और बेलौस निर्भय दुस्साहसी अभिधाएँ भी हैं। आशा है मेरे पाठक पहले की तरह ही इन कविताओं को अपनाएँगे। मैं उनके प्रति अपने हृदय की गहराइयों से कृतज्ञता व्यक्त करता हूँ क्योंकि उन्होंने चार दशक पहले, 1980 में प्रकाशित मेरे पहले कविता संग्रह **'सुनो कारीगर'** से लेकर इससे पहले के चौथे संग्रह **'एक भाषा हुआ करती है'** तक को अभी तक विलुप्त या 'आउट ऑफ़ प्रिंट' नहीं होने दिया। तमाम दबावों और कोशिशों के बावजूद ऐसा न होने देने के लिए और इन संग्रहों के नये-नये संस्करण पाठकों के लिए उपलब्ध करते रहने के लिए मैं वाणी प्रकाशन और उसके स्वामित्व और प्रबन्धन से जुड़े **अरुण माहेश्वरी** परिवार का भी आभारी हूँ, जिसे मैं कई-कई खिन्नताओं-शिकायतों के बावजूद पिछले दो-ढाई दशकों से निरन्तर गहरे, विश्वसनीय और दीर्घजीवी होते जाते सम्बन्धों का साक्षी हूँ। एक तरह से

वह मेरे लेखक के होने और बने रहने का भरोसा दिलाता मेरा परिवार ही है।

इस संग्रह की कविताएँ अलग-अलग समय में किसी क्षणिक उद्वेग, जिसे मेरी चेतना के सबसे निकट सदा रहने वाले कवि मुक्तिबोध ने 'दुखते-कसकते अनुभव का मूल' कहा था, उसी क्षणिक संवेग से उपजने वाली 'इम्पल्स' की कविताएँ हैं, जिन्हें इंटरनेट की भूली-बिसरी जगहों से खोज कर एक जगह एकत्र कर पाना आसान नहीं था। मेरा अपना जैसा जीवन है, यह मेरे लिए सम्भव कभी न हो पाता। इसे यदि वाणी प्रकाशन की मुख्य सम्पादक और युवा कवयित्री **रश्मि भारद्वाज**, इस संग्रह के लिए लगातार प्रेरित करने वाली कवयित्री **सुशीला पुरी** और युवा समीक्षक **सन्तोष अर्श** का श्रम, संलग्नता और कुशल सहयोग न मिलता तो ये कविताएँ साइबर में ही अबाबीलों की तरह विलुप्ति के हाशियों-क्षितिजों में खो जातीं।

अन्त में मैं अपनी पत्नी **कुमकुम** और अपने बेटे **शान्तनु** और बहू **आशिमा** का भी आभारी हूँ, जिन्होंने कई तरह के संकटों और समस्याओं में घिरी तारीख़ों के बीच मेरे लिए अपना स्वाभाविक काम करने देने के लिए समय दिया।

मैं आशा करता हूँ और अपने समय और यथार्थ की तमाम तरह की सत्ताओं से प्रार्थना भी कि आज के आक्रान्त अम्बर में अपने घोंसले बनाने की जगह की तलाश में व्याकुल भयग्रस्त उड़ान भरती अबाबीलों को कोई शान्त, सुरक्षित देश या स्पेस कहीं मिले। कोई शान्त सुरक्षित स्वतन्त्र तिब्बत, फिलिस्तीन, कश्मीर...! इस धरती में उनका अपना भी कोई देश हो, जिसमें उनका जल-जंगल- ज़मीन हो, जहाँ हर एक कविता का अपना एक सुरक्षित, निजी, सार्वभौम कोना हो,

जहाँ वह अपना घोंसला बना सकें और जिसे उसकी आने वाली सन्ततियाँ अपनी 'जन्मभूमि' और अपना 'देश' कह सकें।

यह संग्रह कुछ खण्डों में विभक्त है, जिनके भीतर किसी ख़ास मूड और जीवन-दशाओं की अलग-अलग मिजाज़ की कविताएँ हैं जैसे– ***'विष्णु की खोज में गरुड़'***। संग्रह के अन्तिम खण्ड में ***'तिब्बत'*** कविता का पूरा पाठ है और उसके लिखे जाने की प्रक्रिया का विवरण भी है। 1975 में 'आपातकाल' के दौरान पहली बार देश की राजधानी दिल्ली और यहाँ के जवाहरलाल नेहरू विश्वविद्यालय में पहले शोधछात्र और फिर अध्यापक बनने के युवा काल में 'तिब्बत' कविता को 1980 का **'भारत भूषण अग्रवाल'** पुरस्कार मिला था। इस कविता पर उस समय के कुछ राजधानियों के चर्चित कवियों और उनके संगठनों ने विवाद पैदा किया था। हिन्दी भाषा की व्यवस्था या सांस्थानिक सत्तातन्त्र में 1975 का वह आपातकाल दुर्भाग्य से, इस देश की साधारण प्रजा की तरह आज तक भी समाप्त नहीं हुआ। इसलिए कह सकते हैं कि दो शताब्दियों के लगभग पाँच दशकों तक फैले 'दीर्घजीवी आपातकाल' में घिरे किसी अकेले नागरिक कवि की ये कविताएँ हैं।

यह संग्रह अम्बर में विस्थापित अबाबीलों का एक घर है। उम्मीद है इसका बाहरी स्थापत्य और इंटीरियर कुछ अलग और वैयक्तिक होगा।

कविता का पहला पुरस्कार **'तिब्बत'** पर मुझे मेरे प्रिय कवि **स्व. केदारनाथ सिंह** ने दिया था। उन्हीं की स्मृति को गहरी और सम्पूर्ण कृतज्ञता के साथ यह संग्रह समर्पित है।

–उदय प्रकाश
9/2, जज कॉलोनी, न्याय मार्ग, वैशाली
ग़ाज़ियाबाद-201010

अनुक्रम

विष्णु की खोज में गरुड़

सिद्धार्थ, कहीं और चले जाओ

अरुन्धति

किसी पथ्य या दवा जैसी हँसी

क

तिब्बत

विष्णु की खोज में गरुड़

मेरा मोबाइल नम्बर डिलीट कर दें प्लीज़

सबसे पहले सिर्फ़ आवाज़ थी
कोई नाद था
और उसके सिवा कुछ भी नहीं

उसी आवाज़ से पैदा हुआ था ब्रह्माण्ड

आवाज़ जब ग़ायब होती है
तो कायनात किसी सन्नाटे में डूब जाती है

जब आप फ़ोन करते हैं
क्या पता चलता नहीं आपको
कि सन्नाटे के महासागर में डूबे
किसी बहुत प्राचीन अभागे जहाज़ को
आप पुकार रहे हैं?

(सीतापुर, 14 अगस्त, 2019)

जलावतनी

उन्होंने दबा दिये सारे बटन
जल गये सारे बल्ब

अनगिनत रंगों के अपार उजाले में
जगमगा उठा वह महा-शहर

'कितना अँधेरा है यहाँ?'
मैंने धीरे-से कहा
किसी रोशनी से सराबोर सड़क पर चलता हुआ

शहर से निकाला गया मुझे
इतना बड़ा झूठ बोलने के लिए

विष्णु की खोज में गरुड़

भाषा से छूटा कपड़े में लगे मैल की तरह

पानी जैसे छूटता है आँख से
किसी न याद आने वाली याद के अचानक याद आने पर
एकाध बूँद में ढलकर नीचे गिरता हुआ

मेहनत से बनाये गये वाक्य से उड़ गया
मक्खी जैसे उड़ जाती है बर्फी के टुकड़े से

हिन्दी के कवियों को दूर से देखा
जैसे तेरसू बैगा देखता है रिलायंस मोजरवेयर लेंको ऊर्जा कम्पनियों को
और चला जाता है अपनी बकरियाँ लेकर
जोहिला और उसके किनारे बनी झोंपड़ी छोड़कर

अख़बार और रिसालों के सम्पादक को देखा
इराक ने देखा जैसे जूनियर जार्ज बुश को

तहखाने से झाँकती थी आँख
बाहर सड़क पर टहलते बूटों को

तमाम पिछले दिनों
और किस्तों-किरायों के मकानों को राजधानियों में छोड़ता
उड़ गया आसमान में

गरुड़-सा विष्णु की खोज में।

(31 मार्च, 2013)

दुआ

जहाँ चुप रहना था,
मैं बोला
जहाँ ज़रूरी था बोलना,
मैं चुप रहा आया

जब जलते हुए पेड़ से
उड़ रहे थे सारे परिन्दे
मैं उसी डाल पर बैठा रहा

जब सब जा रहे थे बाज़ार
खोल रहे थे अपनी-अपनी दुकानें
मैं अपने चूल्हे में
उसी पुरानी कड़ाही में
पका रहा था कुम्हड़ा

जब सब चले गये थे
अपने-अपने प्यार के मुकर्रर वक़्त और
तय जगहों की ओर
मैं अपनी दीवार पर पीठ टिकाये
पूरी दोपहर से शाम
कर रहा था ऐय्याशी

रात जब सब थककर सो चुके थे
देख रहे थे अलग-अलग सपने

लगातार जागा हुआ था मैं

मेरे औलिया
दे दे कुछ सपने
जहाँ मैं लोरियाँ सुनता रहूँ...

नींद में हँसता हुआ!

न्याय

उन्होंने कहा हम न्याय करेंगे
हम न्याय के लिए जाँच करेंगे

मैं जानता था
वे क्या करेंगे

तो मैं हँसा

हँसना ऐसी अँधेरी रात में
अपराध है

मैं गिरफ़्तार कर लिया गया

रोशनी

यह बल्ब
पीला मद्धिम कमज़ोर
बदल दिया जायेगा

इसके भीतर एक बहुत पतली-सी नस
जल गयी है
बस सिर्फ़ एक मामूली-सी जगह
जिसे आँख से देख पाना भी मुश्किल है

तोड़ दिया जायेगा इसका माथा
कूट दिया जायेगा पीतल काँच साँस का पूरा शरीर
इससे किसी उजाले के फूटने का इन्तज़ार व्यर्थ है
इसकी आत्मा चली गयी है अब किसी शाश्वत अन्धकार में

कोई भी पैगम्बर या वैज्ञानिक
अन्धकार में अन्धी हो चुकी आत्मा को रिसाइकिल नहीं कर सकता
कोई धर्मग्रन्थ या कोई सिद्धान्त यह भरोसा दिलाये तो यक़ीन
मत करना

अँधेरे में ख़ुद पुकारना
किसी तरह लौट सके तो लौटे शायद आत्मा
अपनी अन्धी आँखों के साथ

इस राजनीति को समझने के लिए ब्रेल लिपि चाहिए
कितने आँसुओं और झूठ से बनायी जाती है व्यवस्था
कितने शव अभी और चाहिए होंगे राष्ट्र की अर्थ-व्यवस्था
के निर्माण के लिए

हम भी बस समझो बचे हैं तभी तक
दौड़ती रहेगी जब तक हमारे स्नायुओं के आर-पार
हज़ारों-लाखों वोल्ट की हर पल प्राणान्तक बिजली

फूटता रहेगा हमारी नसों से जब तक उजाला

इस सुरंग में अपनी अन्धी आत्माओं की कन्दील के न-कुछ
उजाले में
जब तक खोजते रहेंगे
यहाँ से बाहर ले जाने वाली
मुक्ति की पगडण्डियाँ...

उल्का-पात

अपनी परिधि से विचलित
या धकेल दिया गया
अपने जीवन भर समूचे सौरमण्डल में दिशाहारा भटकता
आख़िर कल आधी रात
अपनी थकान, पीड़ा और व्याकुलता में टूट कर
गाँव के सूखे तालाब के पार
बूढ़े, पत्रहीन और निष्फल आमों के उजाड़ बगीचे के
किसी निर्जन कोने में गिरा
चुपचाप वह धूमकेतु

किसी पराये नक्षत्र के किसी अज्ञात धातु-पिण्ड की तरह नहीं
अपने जीवन भर के दारुण अनुभवों की आग और लपटों के साथ
सुलगते किसी लुकाठ जैसा नहीं
किसी शत्रु द्वारा दागे गये विनाशकारी प्रक्षेपास्त्र की तरह भी नहीं
न किसी ईर्ष्यालु हिंसक देवता के वज्र की तरह ही

वह गिरा अपने ही उजाले में चमकते
आकाश के आँसू की एक बूँद की तरह आलोकित
और बिखर गया
पृथ्वी पर एक छोटा-सा गड्ढा या दाग छोड़ता हुआ
जिसे अपनी पसलियों के दर्द से अचानक, ठीक उसी पल
जागी हुई एक बुढ़िया ने देखा

छाती को दबा कर गहरी साँस भरते हुए उसने कहा—'हे राम!'
ऐसा ही है रिवाज कहने का जब कोई उल्का-पात देखता है

एक दिन ऐसा होगा
शत्रुओं द्वारा दागी गयी मिसाइलों और
अपनी परिधि से विचलित अपने जीवन भर की व्याकुलता और
थकान में
टूटकर गिरे हुए धूमकेतुओं के गड्ढों से
यह सारी पृथ्वी भर जायेगी

एक दिन ऐसा होगा कि पहचानना मुश्किल होगा
कि कौन-सी है पृथ्वी
कौन-सा है चन्द्रमा।

बेटी

*

बारिश हो रही है लगातार
आषाढ़ की पहली
बालकनी की रेलिंग पर भीगे पंखों के साथ
काँपती कोई चिड़िया नहीं होती है कभी भी हर बार
न भादों न सावन

*

कोई पढ़ी जाती किताब
अपने किसी रोमांचक पन्ने को खोले हुए छत की मेज़ पर
अधूरी छूट गयी है
'ऐ, कोई है?'...पुकारती है कातरता

*

इन घरों में अब कोई आँगन नहीं हुआ करता आज कल
जब कोई चुप्पी नहीं रही या निर्जनता स्थापत्य में
इस शहर की सड़कों की तरह
या कविता में चुप्पी की तरह
किसी के धीमे-धीमे छुपते हुए चलने की आवाज़ कहाँ से आयेगी
बहुत ट्रैफ़िक है बहुत शोर बहुत धुआँ
सारी गौरैया कहाँ गयीं इस हाईवे में से

*

किसी कमरे से नहीं आती
न छत न सीढ़ियों से
किसी भी कोयल की आवाज़

*

यह जीवन है
शोर चीख़ गूँगेपन से भरा...बहरा

आँख कहाँ है
खोये हुए चश्मे के पास हो शायद
शायद...

सप्तक में से एक सबसे महीन स्वर
अनुपस्थित है

*

किसे बताऊँ
किसी अजनबी शब्द के स्पेलिंग
व्याकुलता से चौंकी हुई अबोध आँखों से
पूछे तो कोई

*

छत ही नहीं, 36 वीं मंज़िल से
और मॉरिशस की विशाल झील के तट से भी देखा है
पहाड़ के उस पार संसार का सबसे बड़ा इन्द्रधनुष
सात में से कोई एक रंग छिटक कर कहीं और चला गया है

*

कोई भी रोटी अब माँ नहीं सेंकती
बासठ की उम्र बहुत दूर लम्बी होती है
इसमें अब चूल्हे नहीं हैं

*

किस तरह बोला जाय?

बिटिया का न होना
क्या-क्या न होना
हुआ करता है?

(यह कविता किरण (कन्नु) के लिए उसके 'छोटे पापा' की ओर से लिखी गयी। दिनांक 2 जुलाई, 2014)

नागरिक स्वतन्त्रता

मैंने समुद्र की प्यास बुझाने के लिए
नहीं खोदा अपने घर के आँगन में कुआँ

अघाये लोगों के लिए नहीं पकाई
खिचड़ी

कवियों के लिए
नहीं लिखीं कविताएँ

मैंने अँगीठे में झोंकने के लिए
नहीं जलाये रखी अपने भीतर
इतने वर्षों से आग

मैं जला ख़ुद ही
राख होने के लिए

मैं हँसा
क्योंकि हँसी आ रही थी मुझे
यह विश्वास करते हुए कि
हँसना नहीं है कोई अपराध

यह भरोसा करते हुए
कि हँसना गम्भीरताओं के विरुद्ध
नहीं है कोई संविधानविरोधी हरक़त

गम्भीर रहे आयें विद्वान
उसी में है दौलत और ताक़त

बस हँसने का दें मुझे
मूलभूत नागरिक अधिकार

महोदय लोगो,
नहीं हूँ किसी कोने से भी
मैं आतंकवादी!

एक ठगे गये मृतक का बयान

जो बेतरह ठगा गया है, ठग उसे देख कर हँसे जा रहे हैं
जो ठग नहीं भी हैं, वे भी हँस रहे हैं
लेकिन जो ठगा गया है, वह प्रयत्न करता है हँसने का
और आख़िरकार हँसता है वह भी एक अजब तरीक़े से

उसकी हँसी में कोई ज़माना है जहाँ वह लाचार है

जिसे मार दिया गया है वह मरने के बाद बेचैनी से
अपना चश्मा ढूँढ़ रहा है
उसे वे चेहरे ठीक से नहीं दिखे थे मरने के पहले
जो उसकी हत्या में शामिल थे
कुछ किताबें वह मरने के बाद भी पढ़ना चाहता है
जो मरने के ठीक पहले मुश्किल से ख़रीदी गयी थीं
तमाम कटौतियों के बाद

वह मरने के पहले कोई सट्टा लगा आया था
अब वह जीत गया है
लेकिन वह जीत उधर है जिधर जीवन है जिसे वह खो चुका है

एक सटोरिया हँस रहा है
बहुत से सटोरिये हँस रहे हैं
उन्हीं की हुकूमत है वहाँ, जहाँ वह मरने से पहले रहता था

अरे भई, मैं मर चुका हूँ
तुम लोग बेकार मेहनत कर रहे हो
कोई दूसरा काम खोज लो
हत्या के पेशे में नहीं है इन दिनों कोई बेरोज़गारी

एक बात जो वह मरने से पहले पूछना चाहता था कवियों से
वह बात बहुत मामूली जैसी थी
जैसे यही कि तुम लोग भई जो कविताएँ आपस में लिखते हो
तो वे कविताएँ ही किया करते हो

या कुछ और उपक्रम करते हो

इस कदर हिंसा तो कवि में पायी नहीं जाती
अक्सर ऐसा पुराने इतिहास में लिखा गया है
अपने मरने के पहले वह उस इतिहास को भी पढ़ आया था
जिस इतिहास को भी पिछले कुछ सालों में बड़े सलीके से
नयी तकनीक से मारा गया

जहाँ वह दफ़्न है या जहाँ बिखरी है उसकी राख
वहाँ हवा चलती है तो सुनाई देती है उस हुतात्मा की
बारीक़ धूल जैसी महीन आवाज़

वह लगातार पूछता रहता है
क्यों भई! कोई शै अब ज़िन्दा भी बची है ज़माने में?

मैं राख हूँ फ़क़त राख
मत फूँको
आँख तुम्हारी ही जलेगी

(6 जून, 2013)

दुख

अँधेरे में जब कोई और नहीं होता था
सबसे अधिक उजाला उनके इर्द-गिर्द ही होता
सबसे साफ़ दिखाई देते थे वही

कोहरे या धुएँ के पार धुँधले मैले आकाश में
जैसे दिखते हैं सितारे
कोई-कोई उनमें से सबसे तेज़ चमकता है
सबसे अलग अपने ही रंग में जलता कोई नक्षत्र

कोई विश्वास करेगा क्या कि वे कभी फ़ाख़्ते थे या
भटके हुए आप्रवासी पक्षी
स्मृति के किसी भी पेड़ या पोखर में उतरने के पहले
देर तक मँडराते रहते थे वे कुछ पूछते हुए
लगातार अपनी कमज़ोर आवाज़ में

कौन मानेगा वे अप्रतिम थे
बहुत सुन्दर अद्वितीय
हमारे आँसुओं से बार-बार धुलकर वे किसी मणि या नक्षत्र की तरह
चमकते थे एकदम युवा और सम्मोहक किसी बच्चे की तरह

उनके डैने भी थे
जब उसे फैला कर वे उड़ते थे हमारे भीतर दूर-दूर तक

तो हमारी नींद के तालाब में सिर्फ़ उनके प्रतिबिम्ब तैरते थे
हमारे स्वप्नों को कमज़ोर लावारिस नावों की तरह
एक-एक कर डुबाते हुए

हमारे साथ बहुत समय बिताया था उन्होंने
किसी सबसे अच्छे दोस्त या प्रेमिका की तरह

और जब वे गाना शुरू करते थे अपनी ही धुन में
उनकी बन्दिशों को सहने की ताब में हमारा शरीर
किसी तार की तरह लगातार काँपता था
टूटने से किसी कदर हर पल बचता हुआ

उन्होंने इस जीवन में हमें सबसे ज़्यादा प्यार किया था
इतना कि स्मृतियों की त्वचा में सबसे अधिक
खरोंचें उन्हीं की हैं
आज तक

हम जानते हैं कोई चले न चले
वही चलेंगे हमारे साथ हमारी सारी यात्राओं में

एक वह भी जो

सबसे आख़िरी होगी ॥

(3 मई, 2009)

नक्षत्र

सुना है रात में कभी-कभी नक्षत्र
गिर जाते हैं अन्तरिक्ष से

गुरुत्वाकर्षण खींच लाता है उन्हें पृथ्वी पर
किसी कछार, नदी, जंगल, खाई
या शहर की किसी छत
किसी बेसुध सोये आदमी की नींद में
वे चुपचाप गिर जाते हैं

बचपन में एक नक्षत्र मुझे नदी किनारे
एक चकमक की तरह मिला था
वह चमकीला पत्थर मैंने माँ को दे दिया था

रसोई में चूल्हे के पास अक्सर धुआँ और अँधेरा होता था

माँ की आँखों में वह नक्षत्र चमकता रहता था
जिसे माँ बटन की जगह मेरी शर्ट में टाँक कर चली गयी थीं
बहुत साल बीते अब तक वह दूसरा नक्षत्र लेकर नहीं लौटीं
मेरी कमीज़ के कई बटनों के काज ख़ाली हैं

रात में नक्षत्रों के पास मैं माँ को खोजता हूँ

बहुत बाद में एक लड़की को मिला था
अपनी छत की ओर जाने वाली सीढ़ी के पास

गिरा हुआ एक दूसरा नक्षत्र
अधीरता के साथ काँपते हुए उसने उसे मुझे सौंप दिया था
'किसी को न बताना ये बात,
बाद में मैं बटन की जगह टाँक दूँगी'
—उस अजीब-सी दोपहर में कहते हुए

अपने जीवन में अपने हाथों में नक्षत्र थामे
किसी दूसरी लड़की को इतना भयभीत और प्रसन्न
मैंने फिर कभी नहीं देखा

अब जब आज मैं यह कविता लिख रहा हूँ
बहुत धुँधली-सी स्मृतियाँ हैं मेरे पास
उस कमीज़ के रंग एक स्याह कोहरे में खो गये हैं
इतने घने धुएँ और आँधी और रेत से भरी उस दोपहर की
किसी गली या नदी किनारे के किसी चकमक में
कैसे खोजा जा सकता है कोई नक्षत्र

जहाँ भी होगी माँ, चूल्हा जल रहा होगा
उन्हें ज़रूर मेरे लिए बटन की चिन्ता होगी

अभी भी लोग कहते हैं
रात में कभी-कभी नक्षत्र
गिरा करते हैं अन्तरिक्ष से

पृथ्वी का गुरुत्वाकर्षण खींच लाता है उन्हें
जंगल, स्मृतियों, कछार, नदी, समुद्र, कुएँ या शहर की किसी छत या
बेसुध सोये
किसी की नींद की ओर।

(अंजेरा, इटली, 2 जून 1997)

सिद्धार्थ, कहीं और चले जाओ

सिद्धार्थ, कहीं और चले जाओ

एक

कितनी आग है उनके भीतर
जो मरे हुए की देह को
राख होने तक आग में जलाते हैं

यही है उनकी परम्परा
यही है उनका अनुष्ठान
जीवन को और देह को आग में जलाना

जीवित लोगों द्वारा
सदियों पहले ठुकरा दी गयी एक मृत भाषा में
खाते कमाते
ठगते और जीते
उनका दावा है, वे जीवित हैं
और हैं वही समकालीन

वही हैं अतीत के स्वामी
भविष्य के कालजयी

वही लगातार लिखते हैं
वही लगातार बोलते हैं

अन्धी और ठग हो चुकी एक बहुप्रसारित भाषा से उठाते हुए
हज़ारों मरे हुए शब्द

सिद्धार्थ,
मत जाना इस बार कुशीनगर
मत जाना सारनाथ
वहाँ राख हो चुकी है प्राकृत
पालि मिटा दी गयी है

सुनो,
श्रावस्ती से होकर कहीं और चले जाओ

अब जो भाषा वहाँ चल रही है
उस भाषा में जितनी हिंसा और आग है
नहीं बचेगा उसमें
यह तुम्हारा जर्जर बूढ़ा शरीर

दो

बुद्ध जैसा हो देहपात
मरना हो अभक्ष्य खाकर सूकर
अतिसार में

अनजानी पगडण्डियों में
कटे उम्र दर-ब-दर

जो भी बोलना हो या लिखना
उसे चीमटे से भी न छूना चाहे
कोई ब्राह्मण विद्वान

प्रयत्न हो
हर शब्द के गर्भ में जितने भी हों अर्थ
सिद्ध करें हर रचना को
चाण्डाल या म्लेच्छ

किताबों के शीर्षक की
परछाईं पड़ते ही
विद्वान गंगा नहाने जायें!

घर बन जाये आश्वित्ज
साँसों में आये भोपाल के कार्बाइड की गैस

नींद आये तो आयें देवता
लिए हुए हथियार

सपनों में दिखें देवियाँ
जिनकी जीभ से बूँद-बूँद टपकता हो रक्त

ऐसा हो जीवन
जागने
और सोने के बीच
न हो कोई फ़र्क़

(16 अक्टूबर, 2013)

स्वेटर

एक थकी हुई किताब को बन्द कर
उसे मेज़ पर छोड़ते हुए
मैं लौटता हूँ अपनी आत्मा में

और वहाँ तुम्हें पाता हूँ
अपनी उँगलियों के बीच फँसी सलाइयों से
किसी अज्ञात सृष्टि को
चुपचाप बुनते हुए

इस बार की ठण्ड में
मैं गुनगुनी ऊन से बुनी गयी
कायनात का पुलओवर पहनूँगा।

इस शहर में एक किसी रोज़ कोई जब विदा हुआ था

कन्धा अपनी अविस्मरणीय गोलाइयों के साथ घूमते हुए मैंने देखा
फिर उसकी पीठ देखी
ओस और पसीने की चमक और उनके हलके उजाले के साथ
दूर जाती हुई

उसका जाना उन दिनों में था
जब इन्हीं किन्हीं दिनों में
शहर में धूप नहीं कोहरा आकाश से लगातार गिरता रहता था
और धुन्ध आँखों की पुतलियों को बार-बार ढाँक लेती थी

मेरा देखना कोहरे से ढँके उस रोज़ के शहर में
धुन्ध और शायद पानी की एक परत में से
अपनी आँखों के पार उसका जाना देखना था

मैंने उसे पुकारा
कोहरे धुन्ध ठण्ड और पानी की परत
कोई चाहे तो कह ले जिसे आँसू।

जो आत्मा का एक द्रव में बदल जाने की हारी हुई लाचार तरलता है
इन सब से होकर गुज़रती हुई अपनी आवाज़ पर विश्वास के सहारे
उसका लौटना देखने की अपनी अन्तिम इच्छा की वह अन्तिम पुकार

पर इस बार उसका लौटना उसकी परछाईं का लौटना था
कोहरे धुन्ध पानी की परत में से होते हुए मेरी आँखों की ओर,
मेरी देह और आत्मा की ओर लौटना

उधर वह धीरे-धीरे रही ढलान में उतरती जा रही थी
कन्धों की गोलाइयों और हलके उजाले से झिलमिलाती अपनी पीठ के साथ
मैंने उसको उसके हर एक क़दम पर उसे अदृश्य होते जाते देखा

जो कुछ अदृश्य हो जाता है उसका विस्मरण असम्भव है
स्मृतियाँ अदृश्य हो चुके को हासिल करने की मार्मिक चेष्टाएँ हैं

जो अब अदृश्य है उसे पाने की बेचैनियाँ कभी भी अचानक फाँस की तरह साँसों में चुभती हैं

मैं अदृश्य हो चुके की परछाईं के साथ कोहरे से ढँके
उस शहर में रहता हूँ
जहाँ हर चेहरा धुन्ध में काले या सलेटी संगमरमर जैसा
दिखता है जिससे
कोई परछाईं छूटकर बाहर गिरती है

अक्सर अपनी आँखें छुपाकर बाहर की ओर मुझे देखते हुए
आपने मुझे ज़रूर देखा होगा

यहाँ हृदय किसी द्रव की तरलता में डूबता-उबरता जीवन भर
अपनी आँखों और जीवन से हारता रहता है।

(17 जनवरी, 2018, वैशाली)

जाओ

चले जाओ यहाँ से
फ़ौरन

जाओ

ज़रा-सी परछाईं छोड़ जाना
कृपया
अपने पीछे

सर रखकर
सोना है मुझे

उम्र तक

कवि

जहाँ भी कोई गिरा
ज़रा भी डगमगाया
वह चाहता था कि क़ानून उस पर कार्रवाई करे

वह व्यवस्था का पक्षधर था
मनुष्य के गिरने के विरुद्ध

व्यक्ति की हर कमज़ोरी के ख़िलाफ़
वह क़ानून का
तरफ़दार था

लेकिन वह चाहता था
उसकी कविताएँ
व्यवस्था द्वारा नहीं
मनुष्य द्वारा पढ़ी जायें।

सब ठाठ धरा रह जायेगा

तू आया है, तो जायेगा
हम रोटी-भात खायेगा।

तू लोहा-सोना खोदेगा
हम खेत में नागर जोतेगा।

तू हीरा-पन्ना बेचेगा
हम गाछ पे पानी सींचेगा।

तू सेल्फ़ी फ़ोटू खींचेगा
हम फटा-चिथन्ना फींचेगा।

तू पुलिस फ़ौज संग नाचेगा
हम पोथी-पन्ना बाँचेगा।

तू ऊपर चढ़ इतरायेगा
हम नीचे से मुसिकायेगा।

तू सरग-नसैनी धायेगा
हम सागर बन लहरायेगा।

तू तोप-तुपक से गरजेगा
हम झम-झम पानी बरसेगा।

तू शाही भोग उड़ायेगा
हम चना-चबैना खायेगा।

सब ठाठ धरा रह जायेगा
तू अपनी गत को पायेगा।

तू घण्टा-शंख बजायेगा
हम कबिरा का पद गायेगा।

तू छापा-तिलक लगायेगा
हम खुसरो का दर जायेगा।

मुफ़लिस को और सतायेगा
तेरा लोहा गल जायेगा।

तू पाया है, तो खोयेगा
हम खोया है, तो पायेगा।

(17 फरवरी, 2016)

गोलाम्बर

इस महानगर के बीचोबीच
एक गोलाम्बर है
यहीं से अलग-अलग दिशाओं की ओर
जाती हैं सड़कें
बार-बार चौड़ी और हर बार चमकदार होती हुईं

राजधानी का गोलाम्बर
देश की पृथ्वी का नाभिक
हर सरहद से दूरियों का शून्य

लगभग आधी सदी से हर रोज़ मैं देखता हूँ
आधी सदी से भी ड्योढ़ी अधिक अपनी उम्र की आँख से
जो हर रोज़ अब धुँधली ही होती जा रही है
इतनी कि इससे अब न कोई स्वप्न ठीक से दिखाई देता है
न कोई साइनबोर्ड न किसी की साफ़-सुथरी शक्ल
न किसी का नेमप्लेट न किसी का कोई फ़ोन नम्बर

हर रोज़ सुबह-सुबह कुछ जाने-पहचाने लोग इसी गोलाम्बर पर
इकट्ठा होते हैं
हर रोज़ शोर मचाते अलग-अलग रास्तों को निकलते हैं
जुलूस, जत्थों, वर्दियों, झण्डों के साथ

कोई-कोई अकेला भी चलता दिखाई देता है कभी-कभी उनमें से
किसी के पीछे-पीछे

कभी बहुत सहमे और कभी-कभी बहुत तेज़ सधे क़दमों के साथ

आधी सदी से ज़्यादा हुए मुझे इस शहर में
मैंने हर सुबह उन्हें वहीं पाया है
उसी गोलाम्बर को घेरे हुए
और अलग-अलग दिशाओं की ओर जाते रास्तों पर
शोर मचाते जाते हुए
मैंने उन्हें लौटते हुए नहीं देखा
शायद रात के अँधेरे में या सुबह के कोहरे के पार
थकी हुई परछाइयों की तरह होती होगी उनकी वापसी

वे इसी गोलाम्बर के हिस्से हैं
जाते हुए दिखते हैं हर रोज़
पर हर रोज़ वहीं होते हैं

कोई कभी, कहीं बहुत दूर से अपने कुनबे के साथ आया हुआ मुफ़लिस
अपने झोले से निकालता है बासी रोटियाँ और बाँटता है उनके हिस्से
अपने कुनबे की औरतों और बच्चों को

मैंने देखा है, उसकी उजड़ी हुई बियाबान आँखें
कहीं आसपास कोई पानी का नलका तलाश रही हैं

कुटुम्ब का एक सबसे जर्जर बूढ़ा, जिसके चेहरे पर असंख्य दरारें हैं
और माथे पर खाइयाँ
उसके हलक से निकलती है एक ढहती हुई
बिखरती आवाज़

ये रास्ते कहीं नहीं पहुँचाते
ये रास्ते कहीं नहीं जाते

यह गोलाम्बर देश का सबसे पुराना घाव है
मुझसे भी अधिक बूढ़ा नासूर

सत्ता

जो करेगा लगातार अपराध का विरोध
अपराधी सिद्ध कर दिया जायेगा

जो सोना चाहेगा वर्षों के बाद सिर्फ़ एक बार थककर
उसे जगाये रखा जायेगा भविष्य भर

जो अपने रोग के लिए खोजने निकलेगा दवाई की दुकान
उसे लगा दी जायेगी किसी और रोग की सूई

जो चाहेगा हँसना बहुत सारे दुखों के बीच
उसके जीवन में भर दिये जायेंगे आँसू और आह

जो माँगेगा दुआ
दिया जायेगा उसे शाप
सबसे मीठे शब्दों को मिलेंगी
सबसे असभ्य गालियाँ

जो करना चाहेगा प्यार
दी जायेंगी उसे नींद की गोलियाँ

जो बोलेगा सच
अफ़वाहों से घेर दिया जायेगा उसे

जो होगा सबसे कमज़ोर और वध्य
उसे बना दिया जायेगा सन्दिग्ध और डरावना

जो चाहेगा स्वतन्त्रता
दिया जायेगा उसे आजीवन कारावास!
एक दिन लगेगा हर किसी को
नहीं है कोई अपना, कहीं आसपास!!

मानसून में दिल्ली

कैसे हैं हमारी दिल्ली के टाउन-प्लानर
लुटियन से कुछ भी न सीखा
हड़प्पा की सिन्धु सभ्यता और हम्पी की तुंगभद्रा को भी भूल गये
बिल्डरों ने बनायीं सिर्फ़ इमारतें और ठेकेदारों ने
सड़कें, होटल, प्लाजा, फ़्लाईओवर, मेट्रो-शेट्रो, अटर-शटर

पानी की निकासी का ख़याल न आया
मृत्यु देवता यमराज की सगी बहन यमुना को भी भूल गये

हड़प्पा के, हम्पी या विजयनगरम के अलावा लुटियन के काल के
अभियन्ता और नगर-नियोजक
समझते थे अच्छी तरह कि क्या हुआ करता है—'ड्रेनेज सिस्टम'
कैसे बारिश के पानी से भरते हैं पोखर और तालाब
कैसे धरती की परतों के भीतर उठता जाता है जल-स्तर
कैसे डबडबा कर छलकते हैं कुएँ और बावड़ियाँ

धत्त, इस बार देश में कहीं सूखा कहीं बाढ़ है
धत्त, इस साल दिल्ली में दलदल है बहुत बड़ा

दलदल में पैदा होते हैं स्वाइन-फ्लू, डेंगू, चिकनगुनिया,
मलेरिया के मच्छर, केंचुए, जोंक, पंडोड़
दलदल में बसती हैं मलिन असली दलित बस्तियाँ

सूअरों को दलदल पसन्द होता है
मराठी की एक बोली में फैंड्री कहते हैं सूअर को
और इसी नाम से बनाते हैं
नागराज मंजुले एक अविस्मरणीय फ़िल्म

इस साल दिल्ली में दलदल है भारी
फैली है महामारी
बुलाओ किसी हड़प्पा के अभियन्ता को या फिर लुटियन की रूह को
दुबारा तन्त्र-मन्त्र से जगाओ

दलदल में ही पैदा होता है कमल
इस साल तमाम पोस्टरों, अख़बारों, दीवारों, झण्डों, चैनलों पर
कमल ही कमल खिला है

अगर कमल हैं इतने तो भौतिकी के समानुपाती नियम के मुताबिक
होगा कितना दलदल देश में
जहाँ नहीं होगा दलदल
वहाँ दलदल बनाये जाने की राष्ट्रीय विकास परियोजना चलेगी

अरे भई, पहले ड्रेनेज तो बना दो शौचालयों की विकास
परियोजना के साथ-साथ
मानसून के पानी की निकासी का कोई तो रास्ता होना चाहिए

अगर राजनीति में दलदल फैला हो इतना सारा
तो इस शब्द के व्युत्पत्ति-विज्ञान को दुबारा पढ़ना होगा

दलदल का क्या है रिश्ता
दिल्ली से,

दलाल से, दल से, दल्ला से
दलाल स्ट्रीट से?

अपने समय और यथार्थ को समझने की कुंजी
इसी शब्द-व्युत्पत्ति के रहस्य को बूझने में है

कहाँ हो लाल बुझक्कड़?
आओ, इस मानसून में दिल्ली को दलदल से बचाओ!

जो हुआ करता था कभी एक जुमला
दिल्ली है दिल हिन्दुस्तान का
वो दिल अब इस दलदल में डूबा है
जफ़र दाग़ मीर-सा
अपना भी दिल इस दिल्ली से ऊबा है
ना-मालूम दिल्ली का
अब क्या मंसूबा है
दुनिया में दिल्ली
इक अजब-सा अजूबा है!

(10 अगस्त, 2014)

कविता का बजट-सत्र

एक नक़द-विहीन निर्मम तकनीकी अर्थतन्त्र में
जब हर कोई
अकूत नक़द पाने के तवारीख़ी पागलपन के जुनून में था
जब हर कोई अपने-अपने हिस्से की ज़मीन पर रोप रहा था
सागौन और सफेदे के नक़दी पेड़

वह नक़द विहीन दौर
मुनाफ़े और कमाई की तरफ़दार हुकूमत का
सबसे चमकदार स्याह और चीख़ता चिल्लाता
दौर था

उसने अपने हिस्से की ज़मीन में
अकेले अपने जीवन भर चुपचाप रोपे
पीपल, बरगद, कोसम, साल और आम के पेड़
उसके अपने जीवन के सेविंग अकाउंट में
अब बहुत कम गिने-चुने बरस बचे थे
उसे अब अपने मकान की नहीं
चिड़ियों और उनके रैनबसेरों की चिन्ता थी

गाँव ने और जात-जमात ने उसे त्यागा
चिड़ियों ने नहीं

चिड़ियों के घोंसले किसी बैंक अकाउंट में नहीं
घने वृक्षों की छायादार डालियों के
नीम-अँधेरी झुरमुट में बना करते हैं
परिन्दों के रैनबसेरों की चिलचिलाहट
उस भाषा की ध्वनियाँ हैं
जिस भाषा में धरती का भविष्य
हर रोज़ अपनी डायरी के पन्ने भरता रहता है

हर अच्छी कविता
चिड़ियों के रैनबसेरे की मूल भाषा में होती है
हवा उसका अनुवाद क़ायनात के लिए करती है
कुदरत उस रोज़नामचे को बाँचता है

और यह कि
कविता का शब्दकोश
किसी भी बैंक के अकाउंट में नहीं होता

इसीलिए नक़दी की भाषा से निर्वासित
एक कवि अकेले में कहता है—
'जिस रोज़ से एटीएम की मशीनें
अपने जबड़ों से नक़दी नहीं
कविताएँ उगलने लगेंगी
उस रोज़ से चिड़ियों, धरती और कविता का
नया इतिहास लिखा जायेगा।'

दुर्गा

एक सौ नब्बे किलो का असबाब सिर पर उठाये
प्लेटफ़ॉर्म पर चल रही है इक्कीस साल की साँवली दुर्गा...

दुर्गा
क्या किसी भील या संथाल, कोल, बैगा या पनिका की बेटी है?
क्या उसके मोटे सुन्दर होठों, चपटी मासूम नाक
और समूची सभ्यता को सन्देह की नज़र से देखती भेदती आँखों
की मुक्ति के लिए ही
अफ्रीका में लड़े थे नेल्सन मंडेला और बैरिस्टर मोहनदास करमचन्द

क्या इसी दुर्गा के लिए गाया था जूनियर मार्टिन लूथर किंग ने :
'हम होंगे कामयाब ...होंगे कामयाब एक दिन...'
'वेंसेरेमास...वेंसेरेमास...' कहते हुए बोलीविया-कोलम्बिया के घने
जंगलों में मारा गया था
चे गुवेरा...

कहाँ से आये होंगे दुर्गा के पितर और पूर्वज
छोटा नागपुर, झाबुआ, पलामू, उड़ीसा, आन्ध्र
या सोवेतो, जोहान्सबर्ग, उत्तर आस्ट्रेलिया के अछोर रेगिस्तान
या चौदह सौ बयानवे ईसवी सदी के पहले के अमेरिका
या फिर मुआन जोदारो, पेरू,
या कहीं से भी नहीं

या यहीं कहीं से
खूँटी या सरगुजा के उस किसी गाँव से जहाँ से उजाड़ दिया गया है
उसका छोटा-सा घास-पात, काठ-मिट्टी से बना घर

या फिर मेरे ही गाँव के आसपास खांडा, पोंडी, छिलपा, बिजौण्डी,
सोनटोला के उजाड़ दिये गये जंगलों से?

एक सौ नब्बे किलो का असबाब सिर पर उठाये
बैतूल के रेलवे प्लेटफ़ॉर्म पर चल रही है इक्कीस साल की साँवली
दुर्गा...

'नज़र रखना इस पर, चम्पत न हो जाये कहीं लेकर मेरा करोड़ों का
सारा माल ये चोट्टी...'
पीछे से चीख़ता है मोंटेक सिंह आलूवाला!...
कोयलावाला...!
मालामाल मालवाला...!

दुनिया भर के कारपोरेट के सामने टू जी, थ्री जी, फोर-फाइव जी,
सौ-हज़ार जी जी जीवाला आलूवाला!

दुर्गा के पीछे-पीछे चलता है
बाज जैसी आँख गड़ाये
एक हाथ में तुपक और दूसरे में गिट्टी-पत्थर और लाल मिरिच का
पाउडर रक्खे
पुलिस का कमाण्डो या सलवा जुडूम का फर्ज़ी एस. पी.
जिसे दिया जायेगा गणतन्त्र दिवस पर दिल्ली के राजपथ पर
शौर्य-सम्मान,
बहादुरी का मेडल...!

बस आज से चार रोज़ बाद
हर गली, हर शहर, हर गाँव में लगी होंगी दुर्गा की मूर्तियाँ,
बज रहे होंगे घण्टा-घड़ियाल, नाच रहे होंगे मदमत्त नौजवान
डीजे की ताल पर
'ऊह ला ला ...ऊह ला ला ...तू है मेरी फैंटेसी...!'
हर रिक्शा, हर मोटरकार के पिछवाड़े लिखा होगा
'जै माता दी...'

ठीक इन्हीं पलों में
हरियाणा के कैथल
या राजधानी के धौलाकुआँ या गुड़गाँव में
किसी बी एम डब्ल्यू, एस्कोडा या सफारी की बन्द अन्धी काँच की
खिड़कियों के भीतर
चीख़ कर बेहोश हो चुकी होगी दुर्गा

फ़िलहाल एक सौ नब्बे किलो का असबाब सिर पर उठाये
प्लेटफ़ॉर्म पर चल रही है इक्कीस साल की साँवली दुर्गा...

और उसके पीछे चल रहा है
बाज जैसी आँख गड़ाये आलूवाला...!

(संदीप नाईक की फेसबुक पोस्ट 'दुर्गा', जो कुली है, बैतूल के रेलवे प्लेटफ़ॉर्म पर, का चित्र देखकर।)

(11 अक्टूबर, 2012)

फ़िलहाल

एक गत्ते का आदमी
बन गया था लौहपुरुष
बलात्कारी हो चुका था सन्त
व्यभिचारी विद्वान
चापलूस क्रान्तिकारी

मदारी को घोषित कर दिया गया था
युग-प्रवर्तक

अख़बार और चैनल
चीख़-चीख़ कर कह रहे थे
आ गयी है सच्ची जम्हूरियत

जहाँ सबसे ज़्यादा लाशें बिछी थीं
वहीं हो रहा था विकास

जो बैठा था किसी उजड़े पेड़ के नीचे
पढ़ते हुए अकेले में
कोई बहुत पुरानी किताब

वही था सन्दिग्ध
उसकी हो रही थी लगातार
निगरानी

एक जल्दबाज़ बुरी कविता में आँकड़े

कविता का एक वाक्य लिखने में दो मिनट लगते हैं
इतनी देर में चालीस हज़ार बच्चे मर चुके होते हैं
ज़्यादातर तीसरी दुनिया के
भूख और रोग से

दस वाक्यों की ख़राब जल्दबाज़ कविता में अमूमन लग जाते हैं
बीस से पच्चीस मिनट
इतनी देर में चार से पाँच लाख बच्चे समा जाते हैं
मौत के मुँह में
कविता अच्छी हो इतनी कि कवि और आलोचक
उसे कविता कहना पसन्द न करें या उसके कई ड्राफ्ट तैयार हों
तो तब तक कई करोड़ बच्चे
कई हज़ार या लाख औरतें और नागरिक
मर चुके होते हैं निरपराध इस विश्वतन्त्र में

यानी ज़्यादा मुकम्मल कविता के नीचे
एक ज़्यादा बड़ा शमशान होता है

जितना बड़ा शमशान
उतना ही कवि और राष्ट्र महान

तनिक कान दें

विद्वत्ता है आपके पास शास्त्र और ज्ञान
भवन है भोजन है साधन और मण्डली
सत्ता संस्थान है
अंटी में आपकी में हिन्दी-हिन्दुस्तान है

जोगी-सा भोगी-सा रोगी-सा लोभी-सा
रमा हुआ बानी में बोली को गूँथता
चूहे सा डरा हुआ, लिपटा हुआ आटे में
लापता कबूतर सा डरता गणतन्त्र में
फिर भी जो कहता हूँ तनिक इधर कान दें

कब तलक पधारेंगे यहाँ से आप कृपया श्रीमान
कब तलक चलेगा यह भीषण सम्भाषण यह षट्रस जलपान
तानेंगे कब तक यों भाषा की ड्योढ़ी पर अपनी दुकान

सिधारें तो हम भी गाँठ गठरी की खोलें
हम भी तो मंच पर रंच भर अपना रचा बाँचें
सभागार ख़ाली हो
जायें सब आपके संग हाक़िम हुक्काम
तो हम भी तनिक नाचें

हुड़क उठती है करेजे में जिया डोलता है मन कचोटता है
सोचिए आपकी निस्बत हमारा आँती-पोटा कितने बरस से ख़ाली है

तनिक नीचे तो निहारें
हमारे भीतर की कलाएँ जाने कब से रही हैं अकुलाय
बरसों से बाल-गोबिन्द और मेहरिया भूख से रही है बिलबिलाय।

मूवी में स्टिल

विकट है यह दृश्य
वर्षों से सामने स्क्रीन पर टिका हुआ
शिराओं से लेकर
समूचे स्नायुतन्त्र तक फैलता हुआ

कोई स्टिल फ़ोटोग्राफ़
स्थिर अचल

एक ठहरा हुआ
फ़्रोज़ेन दुःस्वप्न

जब कि यह सिनेमा है
चलचित्र

हत्यारे के साथ
और जिसकी हत्या हो रही है
उसके भी साथ

वही खड़े हैं

देखो, एक जैसी हँसी में
खिले हुए हैं उनके
चिरन्तन चेहरे

इस प्रोजेक्टर के पीछे
बैठा है कौन आदमी?

(वैशाली, 14 दिसम्बर, 2014)

अरुन्धति

एक अ-समाप्त कविता, जो स्थगित हो गयी

अरुन्धति : एक अ-समाप्त कविता, जो स्थगित हो गयी

(यह कविता इसी तरह लिखी जा रही है, अलग-अलग समय और मूड्स में। यह किसी सूची में शामिल होने के लिए नहीं, अपने समय की चिन्ता का हिस्सा बनने के लिए लिखी जा रही है। जीवन की अनिश्चितताओं और बिखरावों के बीच। यह किसी भाषा विशेष की अभिव्यक्ति या उसकी कला-परम्परा का अंग नहीं है। यक़ीन मानिए, अगर कोई अन्य भाषा मैं इतनी जानता कि उसमें कविता लिख सकूँ, तो उसी भाषा में लिखता। कहते हैं, हर कविता सबसे पहले अपने लिए प्राथमिक शर्त की तरह 'सहानुभूति' की माँग करती है, तो यह भी करेगी...

लेकिन शायद अब मैं इस 'अ-समाप्त कविता' की समापन कड़ी कभी न लिख सकूँ। न अब आकाश में, रात में कोई अरुन्धति दिखती है, न माँ की वह उँगली।)

एक

जेठ की रात में
छप्पर के टूटे खपड़ैलों से दिखता था आकाश
अपनी खाट पर डेढ़ साल से सोयी माँ की मुरझाई सफ़ेद-जर्द उँगली
उठी थी
एक सबसे धुँधले, टिमटिमाते, मद्धिम लाल तारे की ओर

'वह देखो अरुन्धति!'

माँ की श्वासनली में कैंसर था और वह मर गयी थी इसके बाद
उसकी उँगली उठी रह गयी थी आकाश की ओर

कल रात मैंने
फिर देखा अरुन्धति को
वैशाली के अपने फ़्लैट की छत से

पूरब का अकेला लाल तारा
अपनी असहायता की आभा में
हमारी उम्मीद की तरह कभी-कभी बुझता
और फिर जलता हर बार

साठ की उम्र में भी
मैं माँ की उँगलियाँ भूल नहीं पाता।

दो

उसका चेहरा
हमारे आँसुओं की बाढ़ में
बार-बार उतराता है

उसके अनगिन खरोंचों में से
हमारे अनगिन घावों का लहू रिसता है

हमारे हिस्से की यातना ने
वर्षों से उसकी नींद छीन रखी है

हमारे बच्चों के लिए लोरियाँ खोजने
वह जिस जंगल की ओर गयी है
वहाँ से जानवरों की आवाज़ आ रही हैं
उधर गोलियाँ चल रही हैं

उसकी बहुत बारीक़ और नाजुक़
काँपती आवाज़ में हमारी भाषा नयी सदी की नयी लिपि
और व्याकरण सीखती है

सोन की रेत में वह पैरों के चिह्न छोड़ गयी है

नर्मदा की धार में उसका चेहरा
चुपचाप झिलमिलाता हुआ बहता है

तीन

लुटियन के टीले से कभी नहीं दिखती अरुन्धति
वहाँ अक्सर दिखता है पृथ्वी के निकट आता हुआ
अमंगलकारी रक्ताभ मंगल

या अन्तरिक्ष में अपनी कक्षा से भटका कोई
गिरता हुआ टोही खुफ़िया उपग्रह

रोहतक या मथुरा से देखो तो सूर्योदय के ठीक पहले
राजधानी के ऊपर हर रोज़ उगता है किसी गुम्बद-सा
कोहरे का रहस्यपूर्ण रंगीन छाता
वर्णक्रम के सारे रंगों को किसी डरावनी आशंका में बदलता

संसद या केन्द्रीय सचिवालय के आकाश में
नक्षत्र नहीं दिखते आजमा लो
न सात हल-नागर, न शुकवा, न धुरु, न गुरु
वहाँ तो चन्द्रमा भी अपनी गहरी कलंकित झाइयों के साथ
किसी पीलिया के बीमार-सा उगता है महीने में कुछ गिनी-चुनी रात
नाइट्रोजन, गन्धक और कार्बन में बमुश्किल किसी तरह अपनी
साँस खींचता

कभी-कभी आधीरात टीवी चैनल ज़रूर दिखाते हैं
टूटती उल्काओं की आतिशबाज़ी
किंग ख़ान और माही के करिश्मों के बाद

दिल्ली से नहीं दिखता आकाश
यहाँ से नहीं दिखता हमारा गाँव-देश, हमारे खाने की थाली,
हमारे कपड़े, हमारी बकरियाँ और बच्चे

दिल्ली से तो दादरी के खेत और निठारी की तन्दूर तक नहीं दिखते

यहाँ के स्काइस्क्रैपर्स की चोटी पर खड़े होकर
गैलीलियो की दूरबीन से भी
लगभग असम्भव है
अरुन्धति की मद्धिम लाल
टिमटिमाती रोशनी को देख पाना।

चार

नोआखाली के समय मेरा जन्म नहीं हुआ था
मुझे नहीं पता चम्पारण में निलहे बँधुआ मज़दूरों को
इंडिगो कम्पनियों के गोरे मालिकों और उनके देशी मुसाहिबों ने
किस क़ैद में रखा
महीने में कितने रोज़ भूखा सुलाया
कितना सताया कितनी यातना दी
उन तारीख़ों के जो विद्वान आज हवाले देते फिरते हैं मेलों-त्योहारों में
उनके चेहरे सन्दिग्ध हैं
उनकी ख़ुशहाली मशहूरियत और ताक़त के तमाम क़िस्से आम हैं

मैं जब पैदा हुआ उसके पाँच साल पहले से
प्राथमिक पाठशाला में पढ़ाया जाता था कि मुल्क़ आज़ाद है
कि इंसाफ़ की डगर पे बच्चो दिखाओ चल के
कि दे दी हमें आज़ादी बिना खड्ग बिना ढाल

मैंने रामलीलाओं से बाहर कभी खड्ग असलियत में नहीं देखे न ढाल
साबरमती आज नक़्शे में किस जगह है इसे जानते हुए डर लगता है
रही आज़ादी तो मेरे समय में तो गुआंतानामो है अबुगरेब है
जलियाँवाला बाग़ नहीं जाफ़ना है
चौरीचौरा नहीं अयोध्या और अहमदाबाद है

और यहाँ से वहाँ तक फैली हुई तीन तरह की ख़ामोशियाँ हैं

एक वह जिसके हाथ ख़ून में लथ-पथ हैं
दूसरी वह जिसे अपनी मृत्यु का इन्तज़ार है

तीसरी वह जो कुछ सोचते हुए
आकाश के उस नक्षत्र को देख रही है जहाँ से
कई लाख करोड़ प्रकाश वर्षों को पार करती हुई आ रही है कोई आवाज़

इससे क्या फ़र्क़ पड़ता है कि किसी नदी या नक्षत्र
पवन या पहाड़ पेड़ या पखेरू पीर या फ़क़ीर की
भाषा क्या है?

पाँच

वहाँ एक पहाड़ी नदी चुपचाप रेंगती हुई पानी बना रही थी
पानी चुपचाप बहता हुआ बहुत तरह के जीवन बना रहा था
तोते पेड़ों में हरा रंग भर रहे थे
हरा आँख की रोशनी बनता हुआ दसों दिशाओं में दृश्य
बनाता जा रहा था

पत्तियाँ धूप को थोड़ी-सी छाँह में बदलकर अपने बच्चे को सुलाती
किसी माँ की हथेलियाँ बन रहे थे
कुछ झींगुर सप्तक के बाद के आठवें-नौवें-दसवें सुरों की खोज के बाद
रेत और मिट्टी की सतह और सरई और सागवन की काठ और
पत्तियों पर उन्हें
चींटियों और दीमकों की मदद से
भविष्य के किसी गायक के लिए लिपिबद्ध कर रहे थे

पेड़ों की साँस से जन्म लेती हुई हवा
नींद, तितलियाँ, ओस और स्वप्न बनाने के बाद
घास बना रही थी
घास पगडण्डियाँ और बाँस बना रही थी
बाँस उँगलियों के साथ टोकरियाँ, छप्पर और चटाइयाँ बुन रहे थे

टोकरियाँ हाट,
छप्पर परिवार
और चटाइयाँ कुटुम्ब बनाती जा रही थीं

ठीक इन्हीं पलों में आकाश के सुदूर उत्तर-पूरब से अरुन्धति की
टिमटिमाती मद्धिम अकेली रोशनी
राजधानी में किसी निर्वासित कवि को अन्तरिक्ष के परदे पर

कविता लिखते देख रही थी
उसी राजधानी में जहाँ कम्पनियाँ मुनाफ़े, अख़बार झूठ, बैंकें सूद, लुटेरे अँधेरा
और तमाम चैनल अफ़ीम और विज्ञापन बना रहे थे

जहाँ सरकार लगातार बन्दूक़ें बना रही थी

यह वह पल था जब संसार की सभी अनगिन शताब्दियों के मुहानों पर
किसी पहाड़ की तलहटी पर बैठे सारे प्राचीन गड़रिये
पृथ्वी और भेड़ों के लिए विलुप्त भाषाओं में प्रार्थनाएँ कर रहे थे
और अरुन्धति किसी कठफोड़वा की मदद से उन्हें यहाँ-वहाँ बिखरे
पत्थरों पर अज्ञात कूट लिपि में लिख रही थी

लोकतन्त्र के बाहर छूट गये उस जंगल में
यहाँ-वहाँ बिखरे तमाम पत्थर बुद्ध के असंख्य सिर बना रहे थे

जिनमें से कुछ में कभी-कभी आश्चर्य और उम्मीद बनाती हुई
अपने आप दाढ़ियाँ और मुस्कानें आ जाती थीं।

नोट्स : ('वागर्थ' के ताज़ा अंक में यह कविता श्रृंखला प्रकाशित हुई है। सांस्थानिक-जातीय- राजनीतिक और आलोचकों द्वारा स्वीकृत समकालीन हिन्दी कविता के 'महान' इलाक़ों से निर्वासित इस कवि के लिए सम्भवतः मुद्रण में भूलवश इस श्रृंखला की चौथी कविता 'वागर्थ' में पूरी नहीं छप सकी थी। यहाँ वह अपनी सम्पूर्णता में है।

इसी बीच मध्य प्रदेश, जो मेरा गृह राज्य भी है, डॉक्टर कमलाप्रसाद पाण्डेय तथा राजेन्द्र शर्मा द्वारा सम्पादित 'प्रगतिशील पत्रिका' 'वसुधा' का अंक भी आया है, जिसमें पिछले तीन दशकों के कवियों की सूची देखकर प्रगतिशील कविता की 'वृहत पंचिका' के महाकवि त्रिलोचन की वह पंक्ति याद आयी—"प्रगतिशील कवियों की नयी लिस्ट निकली है, उसमें देखा त्रिलोचन का नाम नहीं था..."

अक्टूबर से लेकर दिसम्बर तक का समय सरकारी पुरस्कार बटोरने-हथियाने का मौसम हुआ करता है। जैसा आप जानते हैं, अब विचारधाराओं और

बृहत्तर सामाजिक-मानवीय मूल्यों की समाप्ति के बाद हिन्दी 'साहित्य' के अधिकतर आयोजन, प्रोजेक्ट्स और विमर्श इन्हीं लक्ष्यों को ध्यान में रखकर हुआ करते हैं। जब हमारे न्यायालय तक 'आस्थाओं' के नाम पर क़ानूनी फ़ैसले देने लगे हों, तो भला 'प्रगतिशीलता' ऐसी 'आस्थाओं' से संचालित क्यों नहीं होगी? दिलचस्प बात यह है कि जिन 'कवि-आलोचकों' ने ऐसा चयन प्रस्तुत किया है, उनके दो दशकों से अधिक समय तक लगातार आपके इस लेखक के पास प्रशंसाओं के पत्र आते रहे हैं। परस्पर लाभ-लोभ के संकीर्ण दायरों में उलझकर अपने समय के यथार्थ और सामाजिक जीवन से विच्छिन्न हो चुकी, दोहराव और क्लीशे बन चुके वागाडम्बरों को निरन्तर बड़बड़ाती इन सत्तापरस्त कविताओं के 'आफ़िशियल पोएट्स कार्पोरेशन' में उत्पीड़ित भारतीय जनता और प्रज्ञावान नागरिक को कहीं कुछ महत्त्वपूर्ण लक्षित न हो, तो इसमें आश्चर्य कैसा?

एक बहुत मामूली-सा तथ्य यह है कि इस दौर में हर स्वतन्त्र, साधनहीन और अकेला कवि हिन्दी साहित्य-संस्थान ही नहीं, ऊँची और महान 'विचारधाराओं' के भाषाई राष्ट्र-राज्य से भी बेदख़ल कर दिया गया है। मुम्बई के भ्रष्ट 'आदर्श हाउसिंग सोसाइटी' की तरह ही हिन्दी का यह सारा कारोबार मठाधीशों का 'आदर्श कोआपरेटिव हाउसिंग सोसायटी प्राइवेट लिमिटेड' ही है।

यह विडम्बना ही है कि इस पर लोकतांत्रिक नैतिकता का कोई विचारधारात्मक बुल्डोजर फिलवक़्त नहीं चलेगा।

हमेशा की तरह, उसका रुख़ उधर नहीं, इधर की ओर होगा। समकालीन हिन्दी कविता के 'स्लम्स' यानी अनधिकृत बस्तियों की ओर।)

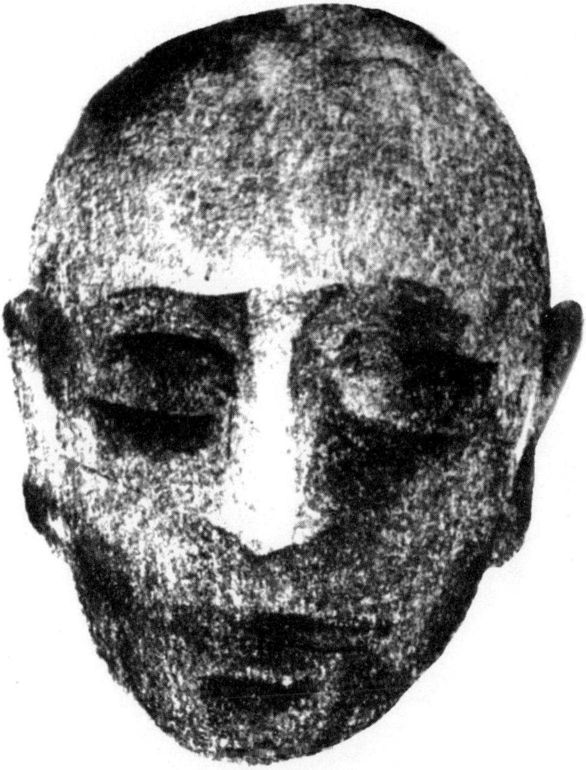

किसी पथ्य या दवा जैसी हँसी

डर

कहाँ से आया ऐसा 'वायरस'

'फियर वायरस'?

किसी सड़ाँध से भरे गन्दे-बजबजाते परनाले से?
नगरपालिका के कूड़ा-कचरा घर से?
कूलर, कुण्ड, कुएँ
बाँध-बावड़ी के ठहरे हुए बासी विषैले पानी में जन्मे
अजनबी किसी मच्छर के दंश से?
किसी दुश्मन देश के बायो-जेनेटिक लैब से?
गुरु-मंगल, चन्द्रमा, शनि-शुक्र जैसे किसी सुदूर पराये
ग्रह-नक्षत्र-उपत्यका से?

कोई उल्का या कोई उड़नतश्तरी किसी
असगुन वाली रात
फेंक गयी इसे धरती पर?

कैसा। डरावना है यह दौर
हर किसी के रोयें खड़े हो रहे हैं
शिराओं में दौड़ रही है झुरझुरी
हर किसी निहत्थी-निर्दोष नींद में
भर गये हैं डरावने दुःस्वप्न

दूसरे को देखते ही हर किसी की आँखों में है ख़ौफ़

कहाँ से आ गया यह बैक्टीरिया सर्वव्यापी?

मुस्कुराहटें धोखा, विनम्रता कपट, वायदे छल, फ़क़ीरी लुटेरों का सम्मानित यूनिफार्म
पुलिस डाकू, विद्वान चाटुकार, सन्त बलात्कारी, कवि जुगाड़ू, एकता माफ़िया, नेता अपराधी, प्रतिभाएँ ठग, हुनरमन्द हैकर्स...

ऐसी महामारी इतिहास में शायद कभी देखी नहीं गयी
प्लेग, हैजा-कालरा, चेचक, एड्स से भी प्राणभक्षी रोगाणु...
परमाणु उपकरणों से भी व्यापक बड़ा विध्वंसकारी

बूढ़ा बाप अपने बेटे से सुरक्षा के लिए
सरकार को भेजता है अर्ज़ी
औरत अपने पति के डर से भाग कर
अजनबी किसी शहर में खोजती है अपना ठिकाना

फ़रहाद रोता है अपने घुटनों पर टिका हुआ
शीरीं के सामने खोलता अपना कलेजा—
मैंने अपनी हज़ारों हसरतों, करोड़ों ज़िन्दगियों के सारे ईमान से भी ज़्यादा
टूटकर बिखरकर हर जनम मर-मरकर तुमसे किया है बेइन्तेहा प्यार

हर आशिक़ नहीं हुआ करता मुज़रिम
हर ग़म और ग़ुस्से की जेब में नहीं होती तेज़ाब

शुक्र है कि जूलियट अपने काँपते होठों से
अब भी चूमती है रोमियो का माथा

महिवाल जब डूबता है
मिट्टी के कच्चे कपटी घड़े के साथ
बाढ़ में उमड़ती नदी के भँवरजाल में
घाट पर सिर पटकती आज भी रोती है सोहनी

प्यार अभी भी है
डर का एंटीडोट

दुआएँ आज भी करती हैं
दवा का काम।

मुझे प्यार चाहिए

मुझे प्यार चाहिए
बहुत ज़्यादा अपार अनहद अपरिमित प्यार
मैं किसी से भी कर लूँगा प्यार
कर सकता हो तो कर ले कोई मुझे प्यार

मुझे भूख लगी है
मुझे खाना चाहिए पेट भर
खा लूँगा जो कुछ भी मिल जाय
रास्ते में कहीं भी
दे सके कोई तो दे दे अन्न

थक गया हूँ मैं
हर रोज़ चलते-चलते
सुस्ताना चाहता हूँ मैं कहीं भी कुछ घड़ी
कोई है जो दे दे एक पेड़
दे सके तो दे बस देह भर छाँह

रहना है किसी जगह
बस जाना है बस
ठहर जाना है किसी भी एक कोई सी जगह
कई-कई ऋतुओं तक
धरती और आकाश और अपने बीच
अलग होने के लिए
चाहिए कुछ
जैसे चार दीवारें और बस एक छत

मैं लिखना चाहता हूँ बहुत कुछ
बहुत सारा कुछ
इतने सारे वर्षों का इतना सारा सब कुछ
मुझे कुछ कहना है इतनी उम्र के बाद
कोई है जो लौटा सके मेरी
भाषा मेरे पास
ज़ब्त कर लिए गये मेरे हज़ारों शब्द

मुझे जीना है अपना पूरा जीवन
नहीं है ज़माने भर में कोई अमीर
जिसने दी हो मुझे मेरी ज़िन्दगी
किसी अनजाने ने बख़्शी हैं कच्चे सूत जैसी
मेरी साँसें निरन्तर
देगा मुझे कोई निदाघ अक्षत जीवन
निष्कलुष बेदाग़ दिगम्बर

मैं हँसना चाहता हूँ
एक भरपूर पूरी हँसी
मुश्किलों से भुलाई जा सकीं अनगिनत स्मृतियों के बाद
कोई निदान, किसी उपचार,
किसी पथ्य जैसी देह भर हँसी
आत्मा और कलेजे को भीतर तक हिलाती
किसी उल्लास में से निकलती
पहाड़ी झरने जैसी हँसी पूरम पूर

क्या मैं अभी हँस लूँ, सर?
अभी आपके ही इस वक़्त में
बस एक बार तो इजाज़त दें
ओये, माननीय...!

स्वर्ग

स्वर्ग का ठिकाना
स्वप्न के भीतर है
वहाँ सिर्फ़ स्मृतियों के सिक्के
चलते हैं
यह बताने के लिए कि
मृत्यु को कभी नहीं
भूलना चाहिए।

मैं जीना चाहता हूँ

कविता में हारकर
विचारों में विजेता मैं नहीं होना चाहता

कविता में जीतकर
विचारों में हारना नहीं चाहता

जीवन से हारकर
मृत्यु के सामने नहीं करना चाहता
आत्मसमर्पण

मृत्यु से डरकर
जीवन की दासता
नहीं करनी मुझे

सिर्फ़ जीने के लिए
मृत्यु से हारूँगा नहीं

मुझे जीवन से प्यार है
मृत्यु से हारे बिना

भाग्य-रेखाएँ

मेरे सिर पर कोई मुकुट नहीं था
मेरी आँखें सब कुछ देखती जैसी ही आँखें थीं...ख़ामोश

हथेलियों में पद्म और शंख नहीं थे
भाग्य-रेखाएँ अगर थीं भी कभी
तो घिस चुकी थीं
या उन्हें मिटाया जा चुका था

न आँत थी न आमाशय
भूख अगर थी तो उसे भूल चुका था
किसी याद की तरह जो आती थी फिर खो जाती थी

न कोई परिवार था न कुटुम्ब न ठिकाना
एक भटकता हुआ लापता कोई शरीर था उसके अन्दर
एक थी कोई आत्मा जैसी चीज़
जो लगातार अपना जुर्म पूछती थी

न नौकरी थी न नक़द न भरोसा न और जीने की चाह
हद है कि हत्यारों से तब भी डर लगता था

एक कहते थे देश था
एक पढ़ते थे व्यवस्था थी

एक जिसमें मैं बोलता था और सोचता था वह भाषा थी
एक बेदख़ली थी सबसे

आँखों में जहाँ सपने हो सकते थे
फटी हुई बिवाइयाँ थीं

ओ मेरे वक़्त के ठगो और लुटेरो
राम करे तुम पर गिरे औलिया का कहर
ख़लक करे एक दिन तुम्हारा भी हिसाब

तुम्हारी दौलत और कामयाबियों पर नाज़िल हो
कायनात भर के मज़लूमों और फ़क़ीरों
की आब

(दिल्ली लौटने के बाद पहली कविता, 30 मई, 2008)

देवता

मैं सारे देवताओं को देख रहा हूँ
एक एक कर

कितने धर्मों के
कितने अलग-अलग तापमानों
अलग-अलग मिट्टियों और पेड़ों वाले
अलग-अलग देशों के देवता

कहीं-कहीं तो कोई देवता है ही नहीं
बस सन्नाटा,
किसी दीवार पर का कोई बिल्कुल उजला ख़ालीपन

और कोई कहीं तो पहाड़ की तलहटी पर उतर रहा है
अपनी भेड़ों के साथ, उनके पीछे-पीछे
लेकिन उसके पीछे-पीछे सूरज भी उतर रहा है
पहाड़ के पार

लेकिन जो तुम्हारे देवता हैं
सभी के हाथों में हथियार क्यों हैं?
और हाथ भी चार से लेकर अठारह और हज़ार तक
और हर हाथ में कोई न कोई हथियार

क्या तुम्हारे देवता सिर्फ़ हत्याएँ करने के लिए बने हैं?
तुम अपने बच्चों को उनसे न डरना क्यों सिखाते हो?

और देवियाँ
हे ईश्वर!
उनकी जीभ कैसे तो लटक आयी है बाहर
और टपकता है बूँद-बूँद लहू

देवियों के हाथ में न किताब है न फूल
लटक रहा है किसी पुरुष या पशु का सिर

ऐसा क्यों होता है कि
जब भी मैं देखता हूँ तुम्हें
दिखाई देने लगता है कोई न कोई तुम्हारा देवता

क्या तुम्हारे सारे देवताओं की सारी की सारी हिंसा अपने चेहरों पर तुम्हें नहीं दिखाई देती

कहाँ छुपा रखे हैं तुमने अपने बाक़ी के हाथ या भुजाएँ
और वे सारे हथियार

बहुत दिनों से लगता रहा है मुझे कि तुम गाना तो गा सकते हो
लेकिन नहीं कर सकते प्रार्थना

क्या तुमने अपने शब्दों को ठीक से देखा है?
उनकी बाहर निकली हुई जीभ
और टपकता कुछ बूँद-बूँद गाढ़ा लाल द्रव-सा?

सुनो!
मैं तुम्हारे सारे देवताओं को
तुम्हारी हिंसा और तुम्हारे शब्दों के साथ
ख़ारिज करता हूँ!

मैंने अपने मन्दिर से उन्हें कह दिया है
हमेशा के लिए बाहर चले जाने को!

अपनी देह के भीतर के
अतल तक डूब कर
मैं करता हूँ प्रार्थना

हे ईश्वर!
कभी न लौटें मेरे घर में
तुम्हारे ये देवता!

(6 जून, 2013)

स्वतन्त्रता

स्वतन्त्रता मैं नहीं देख सका था
मैं जन्मा था पाँच साल बाद

जन्म के बाद के जीवन को जीते रहने का विवरण बहुत लम्बा है
लगभग औसत–
पढ़ाई-लिखाई, प्रेम, नौकरियाँ, रोज़गार, बीमारी, मकान, शहर, किताबें, शादी-ब्याह, सन्तानें, सिनेमा, अकेलापन, जुलूस, नारे, थकान, बेरोज़गारियाँ, हताशाएँ, मान-अपमान, हर्ष-विषाद वग़ैरह
और अन्त में तो ख़ैर
फालतू और उबाऊ

इस वक़्त दीवार पर टँगे कैलेंडर में दिख रहा है इसी, ऐसे ही जीवन का
आज का, अभी का वर्ष

अभी भी, आज भी, मैं देखना चाहता हूँ एक बार स्वतन्त्रता

मेरी अन्तिम इच्छा है यह लगभग भाग्यविधाता
जब ख़त्म हो अब तक का यह खेल जीते ही चले जाने का
तो न हो वह समाप्त अकस्मात् किसी स्वतन्त्रता के पहले

पाँच साल बाद जन्मा था स्वतन्त्रता के पहले
अब स्वतन्त्रता के पाँच साल पहले नहीं चाहता जाना

अधिनायको,
मेरी इच्छा है अन्तिम
एक बार
फ़क़त अन्तिम बार देख लेने की

–स्वतन्त्रता!

वन्दे मातरम्!

मेरे हाथ में निवाला है
समय ऐसा है होनी का कुछ पता नहीं।
भूख मुँह हथेली और कौर के बीच
हमेशा एक दूरी है।

समय ऐसा है
खेत, अन्न, बच्चे, ज्योतिषी,
पेड़, पक्षी, मतदाता, युद्ध विशेषज्ञ, बादल, सन्त-सूफ़ी,
नदी, सड़कें, पहाड़, आँधियाँ और पछुआ-पुरबिया हवाएँ
सब हो गये हैं दार्शनिक

निराशावादी है सूरज
न सुबह तय है न शाम निर्धारित

मिस्र की मृत ममियों जैसे लिपे-पुते डरावने रासायनिक चेहरे
हँसते हुए कम
धमकाते हुए ज़्यादा चीख़ रहे हैं टीवी चैनलों में

एक तीन साल की बच्ची ने बगल की दुकान से,
स्कूल बस से उतरकर
ख़रीदा है अभी-अभी वेनिला आइसक्रीम
और जा रही है स्कूल से लौटकर अपने घर

यह कविता एक बहुत गहरी सच्ची प्रार्थना है
आकाश की आँख में अटके हुए एक हताश संशयग्रस्त ओस या
आँसू की भयभीत एक बूँद की

वह लड़की जब पहुँचे अपने घर
उसकी आइसक्रीम बाक़ी हो तिहाई से कुछ ज़रा-सा अधिक
बची हो वेनिला की ज़रा-सी गन्ध
बाक़ी हो फूलों से मधुमक्खियों द्वारा बटोरे गये शहद की
थोड़ी-सी मिठास

दरवाज़े पर खड़ी हो उसकी माँ
उसके कन्धे से उतारे उसका बस्ता
झटके से झपट ले उसकी आइसक्रीम और कहे :

'प्लीज़ यार, बस एक बाइट...
इत्ता खायेगी तो गला ख़राब हो जायेगा।
तो ढोलक बन जायेगी, मोट्टी बलून!

फिर मैं तेरी शादी कैसे करूँगी?
दूल्हा तूने खोज लिया है, या खोजूँ मैं?'

(बोर्गो दोरा, तुरिन, 12 जून, 2019)

उनका उनके पास

पानी तो नदियों को लौटा ही देना चाहिए
और ठीक हिसाब लगाकर कुछ कुओं और तालाबों को भी

आख़िर में अगर फिर भी कुछ तलछट बचा रह जाये
तो हमारे गाँव के अन्धे राम गरीब नापित उम्र सत्तर साल आठ महीने
के लोटे में उसे डाल दिया जाय
उसका लोटा भरने की फुरसत अब किसी को नहीं है गाँव में

बादल दे दिये जाने चाहिए आसमान को ज़रूरत भर
इसमें कोई ख़ास मुश्किल नहीं होनी चाहिए
इस काम में अभी तक का कोई क़ानून आड़े नहीं आता
बस हममें ज़रा-सा संयम, कंजूसी और समझदारी की दरकार है

जिनके घर, इस बीच, जब से ये नया दौर आया है
छीन लिये गये हैं बैंकों, कम्पनियों और सरकारों द्वारा
जल्द से जल्द मानसून आने के पहले
उन्हें वापस कर दिये जायें तो बहुत अच्छा होगा
उनके बच्चे भीगेंगे नहीं उनकी रोटियाँ गीली नहीं होंगी

जंगल दे देने चाहिए जंगलियों और आदिवासियों को वापस
दुनिया भर के पढ़े-लिखे शहरातुओं की भी अब यही राय ठहरी है
बाद में उसमें बन्दर, मोर, पेड़, चिड़िया, शेर, तितलियाँ वग़ैरह
अपने आप हो जायेंगे

वो कुदरत जो घास उगाती है वही सब कुछ बना डालती है एक दिन
मेरी छोटी समझ के अनुसार
कविता लौटा ही देना चाहिए कवि को वापस चुपचाप
हालाँकि उसे खोजना होगा बहुत वह छुपा बैठा होगा कहीं
किसी दीवार के पीछे
डरा हुआ ज़माने से
इसमें कोई बड़ा जलसा करने की ज़रूरत नहीं है
अफ़सरों, हाक़िमों, मुसाहिबों से कहना चाहिए
वे अपनी थैलियाँ समेटें, कार स्टार्ट करें और अपनी-अपनी ड्यूटी
पर वापस जायें
देश की क़ानून-व्यवस्था की हालत इन दिनों ठीक नहीं है
वैसे भी आज के अंगरेज़ी राज में हिन्दी को गुजरात या नन्दीग्राम
बना कर इतना ग़दर मचाने की कौन-सी सलाहियत

धर्म को तो वापस पाने के लिए
तमाम दुनिया भर के ग़रीब बदहाल ईश्वर जाने कितने सालों से बैठे हैं
सीढ़ियों पर भिखमंगों की तरह उदास
उनके कटोरे में डाल दो उसे वापस
वे चले जायेंगे अपने-अपने परलोक में तुम्हें दुआएँ देते

खेत फ़ौरन दे देने चाहिए उन्हें जो हर रोज़ इन दिनों
फतिंगों की तरह जान दे रहे हैं नाहक
खाना उसे जो भूखा है
दवाइयाँ उस बीमार को जिसके पास अस्पताल की ओर ताकने तक
की न ताक़त है न सिक्के

जहाँ तक मेरा सवाल है तो धन्यवाद
बस आप मेरे कपड़े-लत्ते ही लौटा दें
तो ग़नीमत!

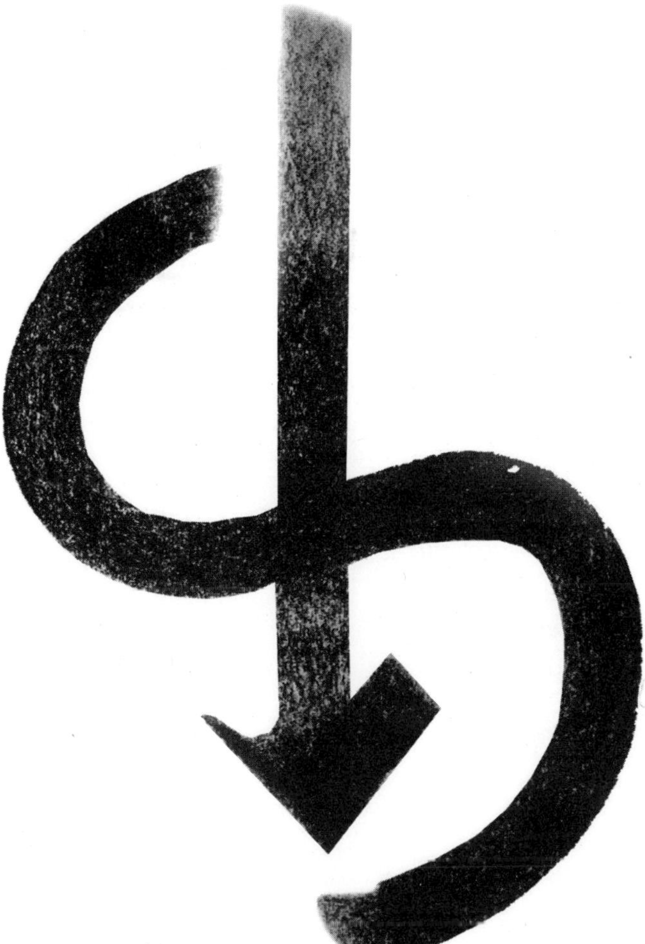

क

भरोसा

कब झोला फट जाये
कब सिग्नल गिर जाये
कब बिजली चली जाये

कब किरायेदार मकान छोड़ जाये
पड़ोस की लड़की भाग जाये
कब स्टेट बैंक का बन्दूक़धारी गार्ड
गनेस प्रताप सिंह मोहम्मद गियासुद्दीन बन जाये
कब दंगा हो जाये,
कब आत्मा मटके की तरह फूट जाये
कब नोट बदल जाये, कर्फ़्यू लग जाये
छर्रे से आँख फूट जाये

साधू ठग निकल आये, बैंक बन्द हो जाये,
क़तार में खड़ी खरे रार की अम्माँ मर जाये
जहाज़ का मालिक विदेश भाग जाये
कब कोई रास्ता अपनी राह भटक जाये

कब गाज गिर जाये
ओला पड़ जाये
कब बुख़ार में कराहता कोई जेल चला जाये

कब कविता लिख जाये
कब कोई उसे पढ़ पाये
कब कर्फ़्यू लग जाये

कब सारी ज़िन्दगी की हिन्दी हो जाये
कब प्रधानमन्त्री जोकर बन जाये
हर हाथ ताली बन जाये

कब सिग्नल गिर जाये
बिजली चली जाये
कब साँस छूट जाये
कब क्या हो जाये

किसी भी बात का भला अब भरोसा क्या

(17 फ़रवरी, 2017)

नाइनटीन एट्टीफोर

वह ऑरवेल का उपन्यास नहीं था
वह हमारी संवैधानिक जम्हूरियत थी

नाइनटीन एट्टीफोर में
संस्कृति की एक सरकारी राजधानी में यूनियन कार्बाइड ने
छेड़ा था राग मिथाइल आइसोसाइनेट
पाँच हज़ार को सुलाकर और पचहत्तर हज़ार को
नशे में छोड़कर भागा था चुपके से एंडरसन एक रात

अब नया उपन्यास है
'ट्वेंटी नाइनटीन'
दो सौ से ज़्यादा हैं यूनियन कार्बाइड चैनल
हर हाथ में हैं यूनियन कार्बाइड के एप्प्स
टीवी, व्हाट्सएप, ट्विटर, एफबी
सबसे निकल रहा है मिथाइल आइसोसाइनेट

कौन गिन सकेगा लाशें
किस किस को नहीं है नशा?

कहीं नहीं भाग रहा है एंडरसन का प्रेत
खिला दिया है उसने राजनीति को अफ़ीम
उसकी हँसने की आवाज़ सुनाई नहीं देती क्या?

छह दिसम्बर उन्नीस सौ बयानवे

स्मृति के घने-गाढ़े धुएँ और सालों से गर्म राख में
लगातार सुलगता कोई अंगार है
घुटने की असह्य गाँठ है या रीढ़ में रेंगता धीरे-धीरे कोई दर्द,
जाड़े के दिनों में जो और जाग जाता है
अपनी हज़ार सुइयों के डंक के साथ
दिसम्बर का छठवाँ दिन

इसी दिन कोई गुम्बद टूटा था
इसी तारीख़ में सारे रिश्ते हिज्जा-हिज्जा बिखर गये थे
इसी रोज़ चावल के नन्हे-नन्हे कण लेकर क़तार में रेगती चींटियों ने
अपनी दिशाएँ बदल ली थीं

इसी दिन हाथ से क़लम छूटी थी
रोटी जल गयी थी
बच्चा नींद में रोया था
किसी बुरे सपने से डर कर

किसी लड़की का चेहरा झुलस गया था
तेज़ाब से

एक चुप्पी थी जो डराती थी
हँसी, जो कहीं से नहीं लगती थी कि हँस रहा है कोई

शब्द कविताओं में आने से इनकार कर रहे थे
मेरा चश्मा कुएँ में गिर गया था
और बाल्टी ख़ाली लौट आयी थी
रस्सी से कट गयी थी हथेली

ट्रैफ़िक रुक गया था
छज्जा धँसकने लगा था
पच्चीस कर्मचारियों वाले दफ़्तर में से सात कर्मचारियों ने
भेजी थी लम्बी छुट्टी की अर्ज़ी

एक चिड़िया आसमान के नीले रंग में फँस गयी थी
जैसे किसी बहेलिये ने फैला दिया हो
पूरी कायनात में नीले रंग का कोई जाल

इसी रोज़ जूलॉजी के मा'स्साब अफ़ज़ल सर का ब्रेन हैमरेज हुआ था

इसी तारीख़ में शीशे में कोई बाल आया था
फिर कभी न जाने के लिए

गुम्बद इसी दिन टूटा था और मलबे से पैदा हुए थे लोहे के दोपाये

ऐसे लोहे के
लौह पुरुष
जिनकी आत्माएँ बहुत पहले
कूच कर चुकी थीं।

क्षेपक

इसी दिन
उस नगर में
जहाँ कहीं नहीं कभी नहीं हुआ था
कोई युद्ध
होने लगे थे धमाके
उड़ने लगे थे पत्थर और धूल

मेरे गाँव के पीपल पर सदियों से
बसेरा करता गरुड़
उड़ गया था जंगल के ऊपर आकाश की ओर

इसके बाद आयी थी अन्धकार और आशंकाओं से
भरी आँधी

मेरे ओसारे के लालटेन के
भभकते उजाले में
चौकी पर बैठा सच्चा बिरहमन
फूट-फूट कर रोया था

उसकी सिसकी
मेरे गले में इक्कीस बरस से
आज तक अटकी है।

(यह कविता सुर, स्वर्णकान्ता, अविनाश, अहमर ख़ान, जेनिथ और शुभंकर को समर्पित है, जो कल मेरे घर पर थे और जिन्होंने रचनात्मकता के लिए साहस और आत्मविश्वास दिया। कल अहमर का जन्मदिन भी था।)

(6 दिसम्बर, 2013)

रेख़्ते में कविता

जैसे कोई हुनरमन्द आज भी
घोड़े की नाल बनाता दीख जाता है
ऊँट की खाल की मसक में जैसे कोई भिश्ती
आज भी पिलाता है जामा मस्जिद और चाँदनी चौक में
प्यासों को ठण्डा पानी

जैसे अमरकंटक में अब भी बेचता है कोई साधू
मोतियाबिन्द के लिए गुलबकावली का अर्क

शर्तिया मर्दानगी बेचता है
हिन्दी अख़बारों और सस्ती पत्रिकाओं में अपनी मूँछ और पग्गड़ के
फ़ोटो वाले विज्ञापन में हकीम बीरूमल आर्यप्रेमी

जैसे पहाड़गंज रेलवे स्टेशन के सामने सड़क की पटरी पर
तोते की चोंच में फँसा कर बाँचता है ज्योतिषी
किसी बदहवास राहगीर का भविष्य
और तुर्कमान गेट के पास गौतम बुद्ध मार्ग पर
ढाका या नेपाल के किसी गाँव की लड़की
करती है मोलभाव रोगों, गर्द, नींद और भूख से भरी
अपनी देह का

जैसे कोई गड़रिया रेल की पटरियों पर बैठा
ठीक गोधूलि के समय

भेड़ों को उनके हाल पर छोड़ता हुआ
आज भी बजाता है डूबते सूरज की पृष्ठभूमि में
धरती का अन्तिम अलगोझा

इत्तेला है मीर इस ज़माने में
लिक्खे जाता है मेरे जैसा अब भी कोई-कोई
उसी रेख़्ते में कविता।

(3 जून, 2009)

भाषा बहती वैतरणी

एक समय ऐसा भी था जब सिर्फ़ बिगबैंग था
और एक काली गुफा थी
वैसे तब काला भी नहीं था हरा सफ़ेद लाल बैंगनी भी नहीं
कोई ईथर था धुआँ था या ईश्वर इतिहास के बाहर अपनी नाक सुड़कता हुआ
नाक तो थी इतिहास नहीं था
नाक ईथर की थी या धुएँ की या सिर्फ़ आवाज़ की नाक थी, जो आदिनाद था और बिगबैंग की छेद या गुफा के अँधेरे में से झाँकता कोई परमात्मा था या गॉड पार्टिकल
पर क्या अँधेरा था उस समय? या कोई उस जैसी कोई और
चमकीली चीज़ थी परमात्मा जिसमें से झाँकता था?
अनुमान है हवा ज़रूर रही होगी क्योंकि नाक तो थी जिसमें साँस का आना-जाना ज़रूरी था
साँस के जाने में मृत्यु और आने में ज़िन्दगी थी तो ईश्वर को भी जीवित रहना ही था अपने ही बनाये
ब्रह्माण्ड में और इसके लिए नाक को बचाये रखना ज़रूरी था, जो आज तो बहुत ज़रूरी है

फिर लाखों करोड़ों साल बाद त्रेता द्वापर सतयुग वग़ैरह के बाद
जब कलियुग भी बीत रहा था और रेल गाड़ी आने ही वाली थी बाज़ार
फैल रहा था, लिप्टन चाय का हाथियों और
कैवेंडर सिगरेट का पाजामा
पहने बाँस के सवारों से प्रचार शुरू होना ही था, अख़बार वग़ैरह

छपने ही वाले थे बस समझ लो तभी ये वारदात हुई
तब तक स्वर्ग का निर्माण हो चुका था
नरक भी हो गया था जहाँ जाने से सब डरते थे
इसीलिए सबने अपने लिए अलग-अलग नरक बना लिए थे
जिनमें वे कराहते हुए सब बस गये थे
मोबाइल तब नहीं था टेलीफ़ोन आने वाला था इसलिए अलग-अलग
अपने-अपने नरक में रहने वालों के पास
एक-दूसरे की ख़बरें नहीं थीं
टेलीप्रिंटर कहीं-कहीं आ चुका था शायद
तोपख़ाने ज़रूर थे तुपक तो ख़ैर थी ही फ़ौजों के पास
सारे लोग मुँह से ही बातें करते थे और कान से सुनते थे

बस ठीक उसी पल
देवता आकाश से
इस मृत्युलोक पर उतर कर नगर में बसे
उन्होंने बनायी लिपि, जिसे वे मरघट से या फिर कहीं और से अपने
स्वर्गीय झोले में भर कर लाये थे
और बनायी वर्णमाला
और बनाया शब्दकोश
और बनाया व्याकरण

और बनाया भूतकाल बाक़ी दोनों कालों को रहने तो दिया लेकिन
भर दिया उनमें भी
भूतकाल

तो यह भाषा जो देवताओं ने बनायी
वह स्वर्ग से उतरी भगीरथ के तप से
यह एक बहती वैतरणी है, जिसमें बिना पूँछ पकड़े तैरकर पार जाना
प्रतिबन्धित है,

इस भाषा में सिर्फ़ भूतकाल है
भविष्य में भी भूत हैं
वर्तमान का हॉरर सिनेमा तो सब देख ही रहे हैं

आँख नाक दिमाग़ बन्द कर लगाओ इस वैतरणी में डुबकी
कुण्डलिनी जगाओ त्रिवेणी तक उठाओ
वहाँ तक जहाँ सरस्वती विलुप्त हो जाती है और सारी चेतना किसी कुम्भ या घट में
समा जाती है

आँख खुली तो दिखाई देंगे
दक्षिण-वाम, आगे-पीछे
घाट-घाट पर बैठे पण्डे
गठरी-गहने, सिक्के-सामान पर नज़र गड़ाये
धार में उतराते दिखेंगे इसी भाषा के जल के अभागे अधजले कुजात शव
मिलेंगे तल में नुचे-खुचे लावारिस कंकाल
डिग्रियाँ, मार्कशीट, टूटे-फूटे तमगे, मुकुट-मोहर

यह किसी नेक ज़िन्दा कौम की ज़ुबान है
या हक़ीक़तन कोई सनातन लिपिबद्ध शमशान है?

(अंजेरा : 31 मई , 2019, विश्व तम्बाकू मुक्ति दिवस के दिन)

क

वह जब कभी बचपन था
वह जब कभी काठ की पाटी सरकण्डे या करील की
चाकू से छील-काँछ कर बनायी गयी क़लम थी
वह जब एक सोंधी पकी हुई मिट्टी की चुकड़िया थी
जिसमें दूध जैसी छुई मिट्टी का गाढ़ा घोल था

वह जब कभी कहीं आज नहीं था
वह जो एक कोई अब अजनबी-सा कल हुआ करता था
वह कल जिसमें आज का कोई असबाब कोई स्वप्न या अन्देशा
भी नहीं था

वह तब जब काग़ज़ अनमोल था बेशक़ीमती बड़ा दुर्लभ
पीतल की निब वाला फाउंटेन पेन जब तीसरी कक्षा के बाद दिया
जाता था

वह जब कभी मम्मा थीं दाऊ थे बुआ थीं फुआ-फूफा थे
तलैया थी दोहनी थी चार की चिरौंजी थी
आकाश बहुत नीला था जो दवात में घुल जाता था और अक्षर
नक्षत्रों की तरह चमकते थे
उनमें उजाला होता था

वह जब सरौतियाँ थीं पान की पतौखियाँ थीं
मुँडेर भर कउए थे आँगन भर गौरैय्याँ थीं

तब से लिखता रहा लिखता रहा
लिखे हुए को हवाओं में उड़ाता रहा
बनाता रहा गढ़ता रहा रचता रहा मिटाता रहा
क्या-क्या नहीं पढ़ता रहा पढ़े को भुलाता रहा
भूलने के लिए लगातार याद करता रहा

दुनिया बदल गयी
दुनिया का सारा कुछ बदल गया
पहले का जो बचा वह जंग था गर्द थी
धूल भय क़िस्सा और धुआँ था

धरती घूमती ही रही अपनी उसी धुरी पर
समय पता नहीं कितनी-कितनी अबूझ लिपियों-लकीरों में
मेरी त्वचा और आत्मा में लिखता रहा अपनी डायरी

लिखते-लिखते कल नींद आ गयी
नींद में भी लिखता रहा
स्वप्न में भी लिखता रहा...
लिखता रहा—

'क'

सुन्दरता की सारी माया और काया
देह और विदेह
रूप और अरूप को उसके भीतर भरते हुए
लिखता रहा—

'क'

लिखे को सपने में देखता रहा

तभी मैंने देखा
एक बहुत बीमार-सा, किसी तपेदिक में काँपता, एक बूढ़ा कबूतर
जिसका रंग था दूध जैसा सफ़ेद जिसके पंख थे टूटे हुए
धीरे-धीरे किसी तरह रेंगता
नींद की ड्योढ़ी और जागने की चौखट के पार चला गया

अचानक किसी धमाके या किसी अजीब-सी चीख़ के बीच
टूट गयी मेरी नींद

सोने और जागने के अनगिनत वर्षों से लगातार लिखी जा रही
कविता में से चला गया था वह पंख टूटा सफ़ेद बूढ़ा कबूतर
धमाकों और चीख़ की दिशा में
नींद की ड्योढ़ी और जागरण के चौखट के पार

कोई है?
दुनिया की किसी भी भाषा का कोई मानुस
जो बचा सके
मेरी कविता में से मेरा 'क'

मैं डरा हुआ काल के कानों में बहुत धीरे-से कहना चाहता हूँ

किसी भी वर्ण-विभाजित बर्बर समाज या समुदाय की भाषा की
वर्णमाला के
पहले ही वर्ग का सबसे पहला व्यंजन

जब रटाया जायेगा
किसी प्राथमिक पाठशाला की पहली ही कक्षा के बच्चों को :

बोलो 'क' माने 'कमल'
'क' माने 'क़लम'
'क' माने 'कबूतर'

बच्चे तो वही रटते और दोहराते हैं
जो सिखाता-पढ़ाता है उन्हें वेतन-भोगी शिक्षक

लेकिन अगर कोई सुन सके
संसार भर और ब्रह्माण्ड भर के बच्चों की नींद
या स्वप्न या अन्तरात्मा की आवाज़
तो सुनाई देगी एक अजीब-सी गूँज
दसों दिशाओं में गूँजतीं उस गूँज की अनगिनत प्रतिध्वनियाँ

'क'
माने
'कश्मीर'।

(गजानन माधव मुक्तिबोध की पुण्य स्मृति में, 11 सितम्बर 2019, वैशाली)

तिब्बत

तिब्बत

तिब्बत से आये हुए
लामा घूमते रहते हैं
आजकल मन्त्र बुदबुदाते

उनके खच्चरों के झुण्ड
बगीचों में उतरते हैं
गेंदे के पौधों को नहीं चरते

गेंदे के एक फूल में
कितने फूल होते हैं
पापा?

तिब्बत में बरसात
जब होती है
तब हम किस मौसम में
होते हैं?

तिब्बत में जब तीन बजते हैं
तब हम किस समय में
होते हैं?

तिब्बत में
गेंदे के फूल होते हैं
क्या पापा?

लामा शंख बजाते हैं पापा?
पापा लामाओं को
कम्बल ओढ़कर
अँधेरे में
तेज़-तेज़ चलते हुए देखा है
कभी?

जब लोग मर जाते हैं
तब उनकी क़ब्रों के चारों ओर
सिर झुकाकर
खड़े हो जाते हैं लामा

वे मन्त्र नहीं पढ़ते।

वे फुसफुसाते हैं ...तिब्बत
...तिब्बत...
तिब्बत-तिब्बत
...तिब्बत-तिब्बत-तिब्बत
तिब्बत...
...तिब्बत-तिब्बत
तिब्बत...

और रोते रहते हैं
रात-रात भर।

क्या लामा
हमारी तरह ही
रोते हैं
पापा?

'तिब्बत'

यह बात आज से कई साल पुरानी है। आप में से कई लोगों का जन्म भी तब तक नहीं हुआ होगा। आज के कई चर्चित और प्रतिष्ठित लेखक-लेखिकाओं का भी जन्म नहीं हुआ होगा।

मेरा जन्म मध्य प्रदेश के एक बहुत छोटे से गाँव सीतापुर में सन् 1952 में हुआ था। तब तक हमारे यहाँ बिजली नहीं आयी थी। हमारा घर बहुत पुराना था और नदी के ठीक तट पर बना हुआ था। तट मतलब यह कि जब नदी में बाढ़ आती थी तो हमारी रसोई तक पहुँच जाती थी। तब तक नदी में पुल नहीं बना था। पेड़ के मोटे तने को खोखला करके उसे नाव की तरह, बाँस की लम्बी डाँग से ठेलते हुए चलाते थे। इसे 'डोंडा' या 'डोंगा' कहते थे। जब नदी में बाढ़ अधिक होती और नदी की धार बहुत गहरी और तेज़ हो जाती, तो काठ की यह नाव नहीं चलती थी। क्योंकि बाँस की डाँग उतनी लम्बी नहीं होती थी कि धार की गहराई की थाह ले सके और नाव को आगे ठेल सके।

उस समय तक गाँव में बिजली नहीं थी। लालटेनें, दिये, ढिबरियाँ जलती थीं। मैंने ख़ुद भी लिखना-पढ़ना, चित्र आदि बनाना बिना बल्ब और बिजली के सीखा है। बल्कि आज तक मुझे लालटेनें और ढिबरियाँ अच्छी लगती हैं। हालाँकि इस उम्र में और शहरों में इतने वर्षों से रहने के बाद उनकी रोशनी में अब कुछ लिख-पढ़ पाना सम्भव नहीं होता।

दियों को मैं दीवाली और पूजा-त्योहार के अलावा कभी पसन्द नहीं कर पाया, क्योंकि उनकी रुई की बाती को बार-बार बढ़ाना पड़ता है, ऐसे में उँगलियों में तेल लग जाता है और अगर

आप काग़ज़ पर लिख रहे हैं या कोई किताब पढ़ रहे हैं, तो वे तेल के धब्बे हमेशा के लिए वहाँ आ जाते हैं।

जो बात मैं 'तिब्बत' के बारे में आपको बता रहा हूँ, वह इसके बहुत बाद की है। तब तक हालाँकि बिजली हमारे गाँव में नहीं आयी थी, लेकिन बैटरी से चलने वाला रेडियो आ गया था। अंग्रेज़ी के नौ के अंक के भीतर से एक छलाँग मारती लम्बोतरी-सी बिल्ली उस रेडियो की बैटरी पर होती थी। अगर उस समय मैं यह जानता कि इस बैटरी को बनाने वाली कम्पनी वही है, जिसने कई साल बाद 1984 में भोपाल में एक ज़हरीली गैस से कई हज़ार लोगों को मार डाला, तो मैं उस बैटरी ही नहीं रेडियो से भी डरने लगता। लेकिन तब तक मुझे यह पता नहीं था।

रेडियो में गाने और उसके भीतर से लोगों को बोलते हुए सुनना मुझे बहुत अच्छा लगता था। मैं कई बार रेडियो के भीतर झाँककर देखने की कोशिश करता कि वे लोग बाजा कहाँ पर खड़े होकर बजाते हैं और कहाँ से बोलते हैं। क्योंकि आवाज़ ठीक उस रेडियो के अन्दर से ही आती थी। कहीं और से आती हुई बिल्कुल भी नहीं लगती थी। कोई सितार या बाँसुरी बजती तो लगता इसी जगह से वह आवाज़ पैदा हुई है। बिल्कुल साफ़। धातु के तारों की आकस्मिक झनझनाहट और बाँस की नली के भीतर से गुज़रती साँस की स्पष्ट सरसराहट के साथ।

अगर मैं आपसे कहूँ कि एक बार मैंने देर रात गये, रेडियो के अन्दर, उसके भीतर के असंख्य नन्हे-नन्हे यन्त्रों की नीली-लाल, हरी-पीली कई रंगों की धुँधली रहस्यपूर्ण रोशनी में बिल्कुल छोटे-छोटे, पुतलियों जैसे लोगों को एक वृत्त में खड़े होकर कई तरह के साज बजाते और धीरे-धीरे झूमते और गाते हुए देखा था, तो क्या आप इसे मानेंगे? आप कहेंगे कि मैं वहीं रेडियो के पास सो गया होऊँगा और नींद में ऐसा देख लिया होगा।

बचपन में घटने वाली ऐसी किसी भी घटना को कोई भी दूसरा वयस्क बाद में नहीं मानता।

नेरुदा का संस्मरण आपने पढ़ा होगा, जब बचपन में उसके सिर के ऊपर से, उसकी माँ द्वारा बुनी गयी हरे रंग की ऊनी टोपी आँधी में उड़ गयी थी और नेरुदा ने देखा था कि वह टोपी हरे रंग का तोता बनकर तोतों के झुण्ड में शामिल हो गयी थी। उसने जब अपनी माँ से इस घटना के बारे में बताया, तो माँ ने उस पर विश्वास नहीं किया।

आपमें से अगर किसी ने मेरी एक कहानी 'डिबिया' पढ़ी हो तो आप अनुमान लगा सकते हैं कि मेरे साथ, मेरे बचपन में ऐसी कितनी घटनाएँ घटी हैं।

'अरेबा-परेबा' कहानी भी ऐसी ही बचपन की एक घटना के बारे में है। यह सचमुच एक गहरे अकेलेपन, असहायता और पराजय का क्षण होता है, जब आप पाते हैं कि आपके साथ घटे किसी सच का न तो कोई गवाह है, न कोई उस पर विश्वास कर रहा है। फिर सबसे बड़ी और पीड़ादायक स्थिति यह कि संसार के ज्ञान-विज्ञान के जितने भी प्रामाणिक और विश्वसनीय तरीक़े हैं, उनके द्वारा आप अपने उस सच को प्रमाणित भी नहीं कर सकते।

मेरे साथ तो एक निजी समस्या यह भी है कि कई बार मैं स्वयं ही उलझन में पड़ जाता हूँ कि अभी-अभी जो कुछ हुआ और जो कुछ हो रहा है, वह सच है या कोई स्वप्न। 'तिरिछ' के पिताजी और बाद में उसके नैरेटर के साथ, या 'पीली छतरी वाली लड़की' की वह घटना जब छतरी तितली में बदल जाती है, या फिर 'वारेन हेस्टिंग्स का साँड़' में चोखी और हेस्टिंग्स के बीच का पहला प्रसंग ही नहीं, उस पूरे आख्यान में यहाँ से वहाँ तक फैला असमंजस, एक तरह का विभ्रम।

अगर आप ध्यान दें तो मेरी हर कहानी में मिथ्या और सत्य, कल्पना और यथार्थ, स्वप्न और वास्तविकता, अतीत और भविष्य सब आपस में एक-दूसरे में घुले-मिले रहते हैं। इस हद तक कि उन्हें ठीक-ठीक से पहचान कर अलग कर पाना सम्भव नहीं लगता। स्वयं मेरे लिए भी।

मैं ऐसी कोई कहानी पढ़ भी नहीं पाता जिसमें कोई स्वप्न और विभ्रम न हो। हो सकता है बचपन से गाँव में सुनी गयी कहानियों-क़िस्सों और रामायण-महाभारत से लेकर कई ग्रन्थों और बाद में पढ़े गये बहुत से श्रेष्ठ उपन्यासों-कथाओं और देखे गये सिनेमा का असर हो।

तिब्बत के साथ भी मेरा एक ऐसा ही बिल्कुल निजी प्रसंग और सम्बन्ध है। 'तिब्बत' कविता जब मैंने 1977-78 में लिखी, तो वह बचपन की एक ऐसी ही घटना से जुड़ी हुई थी। अगली कड़ी में मैं आपको उस घटना के बारे में बताऊँगा। थोड़ा-सा इन्तज़ार कर लें।

(9 अप्रैल, 2008)

दूसरी कड़ी

मुझे बिल्कुल ठीक-ठीक साल याद नहीं, जब यह घटना घटी। शायद 1960-61 का वर्ष होगा। हो सकता है इसके आगे-पीछे का कोई साल हो। हाँ, इतना ज़रूर याद है कि हमारे गाँव के आज वाले घर के सामने का हिस्सा बन कर तैयार हो चुका था। यानी 1957-58 बीत चुका था। नेहरू जी तब हमारे प्रधानमन्त्री होते थे और वे जीवित थे। बच्चे उन्हें चाचा नेहरू कहते थे। गाँव के स्कूलों में उन्हें यही सिखाया जाता था। कांग्रेस पार्टी का चुनाव चिह्न दो बैलों की जोड़ी हुआ करती थी और उसका झण्डा बिल्कुल राष्ट्रीय तिरंगे जैसा होता था बस बीच में अशोक चक्र की जगह पर चरखा बना रहता था। कहते थे कि वह चरखा गाँधी जी ने नेहरू जी को दिया था, जिसे गाँधी जी की हत्या के बाद नेहरू जी ने कांग्रेस के झण्डे में छपवा दिया था। उन दिनों जब चुनाव होते तो पैम्फलेट बँटते, जिनमें छपा होता—"मुहर हमारी वहीं लगेगी, जहाँ बनी बैलों की जोड़ी।" अब पता नहीं वे बैल झण्डे से निकलकर कहाँ चले गये?

तब तक अमेरिका के राष्ट्रपति केनेडी शायद जीवित थे और मैं अपने बालों को उनकी तरह बनाने की कोशिश किया करता था। बालों के मामले में केनेडी और देवानन्द मेरे आदर्श हुआ करते थे। बालों में तेल और पानी चुपड़कर और सामने पेंसिल खोंसकर, दोनों तरफ़ से हथेलियों में बालों को दबा कर बहुत बार मैंने देवानन्द की तरह फुग्गे बनाये। लेकिन केनेडी के सूखे हुए बाल हमेशा मुझे अधिक पसन्द थे। शायद तब तक रूस का अन्तरिक्ष यात्री यूरी गगारिन अन्तरिक्ष तक पहुँच गया था। इसके पहले रूस

एक कुतिया 'लाइका' को भी अन्तरिक्ष तक पहुँचा चुका था। स्पेस टेक्नोलॉजी के लिहाज़ से अमेरिका बहुत पीछे छूटता जा रहा था। पिताजी के पास रात में बैठने वाले लोगों में अक्सर बहस होती थी कि रूस और अमेरिका में कौन आगे है, कौन ज़्यादा ताक़तवर है और कौन हमारा सच्चा दोस्त है।

मेरी माँ भी तब जीवित थीं, कैंसर में उनकी श्वासनली नहीं गली थी और तब तक 'नेलकटर' कहानी लिखने की यन्त्रणापूर्ण कल्पना मैं कर भी नहीं सकता था।

मेरी माँ और नेहरू जी की मृत्यु एक ही साल—1964 में हुई थी। 27 मई को नेहरू जी और 30 दिसम्बर को माँ। ये दोनों घटनाएँ मेरे बचपन की बहुत दुखद घटनाएँ थीं। 27 मई को पिताजी ने रोते हुए कहा था कि नेहरू जी के दिमाग़ की नस चीन से धोखा खाने के कारण फटी थी।

मैंने नेहरू जी की मृत्यु के बाद उनका एक चित्र अपने घर की दीवाल पर वाटर कलर से बनाया था। "अस्ताचल की ओर जाते चाचा नेहरू।" माँ ने उस चित्र को देखा था और मुझे डाँटा था कि तुमने नेहरू जी का चेहरा, जो कि इतना सुन्दर था, वह क्यों नहीं बनाया? उनकी पीठ क्यों बनायी?

पिताजी बताते थे कि नेहरू जी इतने सुन्दर थे कि केनेडी और देवानन्द उनके सामने कुछ नहीं थे। नेहरू जी की सुन्दरता पर भारत के गवर्नर जनरल माउंटबेटन की पत्नी और अमेरिका की कोई मशहूर हीरोइन (शायद मर्लिन मुनरो या शरले मक्लीन या फिर कोई और) फिदा थीं। दोनों नेहरू जी से शादी करना चाहती थीं लेकिन नेहरू जी ने कहा था—"नो...नो, आई कैन नॉट डू दिस।" फिर थोड़ा रुककर पिताजी जोड़ते—"बिकॉज आयम आलरेडी मैरीड!" माँ कहतीं कि नेहरू जी की पत्नी बहुत सुन्दर थीं, लेकिन नेहरू जी के बिलायत चले जाने और अंग्रेज़ों जैसा बन जाने से इलाहाबाद में अकेली रहते-रहते बीमार होकर मर गयीं।

मैंने मोमबत्ती और सनलाइट साबुन की बट्टियों को चाकू और ब्लेड से छील-छील कर नेहरू जी के कई बस्ट और पुतले बनाये थे। अगर आप में से किसी ने 'नेहरू, अस्ताचल और खण्डित स्त्रियाँ' नाम की कई साल पहले लिखी गयी मेरी कहानी पढ़ी हो, तो जान सकते हैं कि नेहरू जी का सम्बन्ध हमारे घर और मेरे बचपन के साथ कितनी गहराई से जुड़ा हुआ था। लेकिन एक बात मैं यहाँ यह ज़रूर कहना चाहूँगा कि इन सम्बन्धों का राजनीति से कभी कोई सम्बन्ध नहीं था। इस सब पर मैं कभी बाद में लिखूँगा। अभी तो लौटें उस घटना की ओर, जिसका 'तिब्बत' से लेना-देना है।

जिस दिन वह घटना घटी थी, उस दिन मैं रसोई में माँ की ही बनाई रोटियाँ और आलू परवल की सब्ज़ी, जो पिताजी को बहुत पसन्द थी, खाकर हाथ-मुँह धोने पछीत (पिछवाड़े) की ओर निकला था। पछीत की तरफ़ ही, थोड़ी दूर, नदी बहती थी और उस दिन वह बाढ़ में उतरा रही थी। शायद जुलाई, यानी आषाढ़ का महीना रहा होगा।

मैं रसोई के पिछले दरवाज़े के पास रखे पत्थर पर खड़ा होकर हाथ-मुँह धो रहा था, जब मैंने वह देखा, जो मेरी स्मृति में किताबों के लिए दर्ज़ हो गया और जो कई साल बाद 'तिब्बत' कविता लिखने का कारण बना।

उस समय मेरी उम्र, आप अनुमान लगा सकते हैं, आठ या नौ साल की रही होगी। उन दिनों मैं ख़ूब चित्र बनाता था, कविताएँ लिखता था और एक पुराने 'रोली कॉर्ड' कैमरे से 120 ब्लैक एंड व्हाइट फ़ोटो खींचकर उन्हें खुद ही प्रिंट करने की कोशिश में लगा रहता था। मेरे भाई तकनीकी के मामले में मेरे गुरु थे। आप में से जिन्होंने भी 'अपराध' और 'भाई का सत्याग्रह' कहानियाँ पढ़ी हैं, वे यह जानते होंगे कि पाँच साल की उम्र में ही पोलियो के कारण उनका एक पाँव बेजान हो चुका था। तब भी साइकिल चलाने और तैरने में उनका कोई मुक़ाबला नहीं था।

हमारे घर में 'भारत' नाम का अख़बार इलाहाबाद से आता था और कभी-कभी 'नव-भारत' भी। पत्रिकाएँ बहुत-सी आती थीं, जिन्हें कभी नये घर की परछी (बरामदे) में तो कभी घर से ज़रा-सा बाहर कटहल के पेड़ के नीचे, बेंत की आरामकुर्सी पर बैठे हुए पिताजी पढ़ते रहते थे। पिताजी को किताबें और बेंत की कुर्सियाँ बहुत पसन्द थीं, जिन्हें वे इलाहाबाद से मँगाते थे।

हमारे घर में एक ग्रामोफ़ोन भी था, जो ख़राब पड़ा था। एक हैंडिल से उसमें चाभी भरने पर रिकॉर्ड घूमता था लेकिन चूँकि उसका स्प्रिंग टूटा हुआ था और साउंड बॉक्स भी जंग खाकर बेकार हो चुका था इसलिए वह ग्रामोफ़ोन अटारी (दुछत्ती) के स्टोर रूम में रख दिया गया था। रेडियो आ चुका था इसलिए उसे हमारे घर ने त्याग दिया था।

टेक्नोलॉजी के साथ हमेशा यही होता है। एक समय का 'क्रेज' देखते ही देखते कबाड़खाने का सामान बन जाता है। अपने गौरवशाली अतीत पर ऐंठता और जंग खाता हुआ। लेकिन यह बात मनुष्यों पर भी लागू होती है।

मैं और मेरे भाई दोनों ऐसी त्यागी जा चुकी पुरानी चीज़ों को दुबारा जीवित और ठीक करने में दिन-रात लगे रहते थे। ग्रामोफ़ोन में जो डिस्क लगता था, उसे शहरी लोग 'रिकॉर्ड' कहते थे और गाँव के लोग 'तवा'। वह चपड़े या लाख का बना होता था और देखने में उसी लोहे के तवे जैसा दिखता था, जिस पर माँ रसोई में रोटियाँ बनाती थीं। हमारी अटारी में ऐसे अनगिनती तवे थे। अनमोल घड़ी, आह, आग, जाल, पता नहीं कितनी फ़िल्मों के गाने उन तवों की बारीक़ लकीरों में बन्द थे जो सूई रखते ही ज़िन्दा हो जाते थे।

यह सोचना भी अब कितना विचित्र लगता है कि पलाश या छिउला के पेड़ में रहने वाले छोटे-छोटे लखौरी कीड़े पेड़ के तने और पत्तियों से जो गाद के रवे इकट्ठा करते थे, उसी लाख से ये

रिकॉर्ड बनते थे जिसकी बारीक़ लकीरों पर सूई के घूमते ही—"मेरा सुन्दर सपना बीत...गया" या "आवाज़ दे कहाँ है", "दुनिया मेरी जवां हैं..." जैसे गाने निकलने लगते थे। क्या यह कौतुक किसी जैव-यान्त्रिकी, यानी छिउले के नन्हे-नन्हे कीड़ों और जर्मनी से लेकर कलकत्ता तक फैलीं रिकॉर्ड बनाने वाली कम्पनियों की मशीनों के तालमेल का अनोखा जादू नहीं था?

इसीलिए मैं कभी भी, आज तक किसी नयी से नयी प्रविधि या टेक्नोलॉजी को वैसा अ-मानवीय और अ-प्राकृतिक नहीं मान पाता, जैसा लोग अक्सर मानते हैं।

वह तो प्रविधि का इस्तेमाल है, जो यह सब तय करता है।

(17 अप्रैल, 2008)

तीसरी कड़ी

मैंने और मेरे भाई ने उस छोटे से गाँव में, जहाँ तब तक बिजली नहीं आयी थी, पुल और सड़क नहीं बनी थी, जहाँ महेश सिंह के गोसार में से गायों-भैंसों के निकल जाने के बाद, वहीं टाट-पट्टी बिछाकर हमारा स्कूल चलता था, जहाँ छुई मिट्टी की दवात, सरकण्डे और करील की क़लम और काठ की पाटी में हम वर्णमाला लिखते-पढ़ते थे, लेकिन ऐसा गाँव, जहाँ रेडियो आ चुका था, अख़बार और तमाम पत्रिकाएँ आने लगी थीं, वहाँ हमने कई तकनीकें विकसित कीं। मार्क्वेज़ के 'वन हंड्रेड इयर्स ऑफ़ सॉलिट्यूड' के क़स्बानुमा गाँव मकान्दो से अलग और भिन्न हमारा गाँव नहीं था। मकान्दो में किये जा रहे वैज्ञानिक-तकनीकी आविष्कारों से कम रोमांचक हमारे बचपन की उपलब्धियाँ नहीं थीं।

बैटरी और चुम्बक और टिन की पट्टी से बार-बार जलने-बुझने वाला बल्ब, ताँबे के तारों को मोम में डुबाकर, इंसुलेट करके और आर्मेचर बाइंडिंग करके घूमने वाली छोटी-सी पंखी, जिसे देखकर माँ हैरत में पड़ गयी थीं, शायद थोड़ा-सा डर भी गयी थीं। पतंगी धागे के दोनों सिरों पर दो ख़ाली डिब्बे जोड़कर अपने घर से टिर्रा-किरपाल के घर को कनेक्ट करने वाली टेलिफ़ोन लाइन। काग़ज़ के काले गत्ते को पिन या सूई से बारीक़ छेद कर, बन्द कमरे की अँधेरी दीवाल पर बाहर के संसार के चलते-फिरते रंगीन उल्टे दृश्य।

पेट्रोमेक्स, जिसे हमारे यहाँ 'गैसबत्ती' कहते थे, उसके काँच की तीन पट्टियों के त्रिभुज बनाकर, ऊपर काला काग़ज़

लपेटकर, उसके अन्दर रंगीन चिंदियाँ डालकर बनाया गया केलाइडोस्कोप। चकमक और लोहे को रगड़कर पैदा की गयी चिनगारी और मूँज की बत्ती से बनने वाली 'परमानेंट माचिस'... और प्रिज़्म...! ...और हाँ, मार्क्वेज़ के मकान्दो के कर्नल बुएंदी की तरह ही आतिशी शीशे और सूर्य की किरणों के फोकस और आग के अनेक खेल...

लेकिन हमारी कुछ टेक्नॉलॉजियाँ खासी क्रूर और निर्मम भी हुआ करती थीं, जैसे पतंगों या बड़ी तितलियों को पकड़कर उनकी पूँछ में धागा बाँधकर काग़ज़ की चिंदी या माचिस का खोखा लगा देना, काले गुबरैलों की कमर में ख़ाली गत्ते के डिब्बों की 'ट्रॉली' जोड़ देना और फिर कंकड़ों को उसमें भरकर लोड करना और फिर अपने इस ज़िन्दा ट्रक की ताक़त देखना। आज सोचकर लगता है, गुबैरेले कीड़े को कितनी तकलीफ़ होती रही होगी।

...और स्कूल जाते वक़्त, तालाब के पास की गड़ही को पार करते वक़्त अक्सर टाँगों में चिपक जाने वाली ख़ून-चूस जोंकों को चुटकी भर नमक डालकर काठ के एक फट्टे के दोनों सिरों पर कील ठोंककर जोंक को तान देना और फिर उसे एकतारे की तरह बजाना। तालाब के पानी में रहने वाले पंडोर साँप को सिर के पास से...गर्दन पकड़कर पत्थर पर रगड़ना, जो हमने बन्दरों से सीखा था, या उसकी पूँछ पकड़कर घुमाते हुए पेड़ के तने पर बार-बार पटकना (मैं इस सब पर कभी विस्तार से लिखूँगा, और उन जंगली जानवरों के बच्चों के बारे में भी, जिन्हें हमने उन दिनों पाला)।

कई बार लगता है कि पिछड़े आदिवासी समाजों में ऐसी कितनी निर्ममताएँ होती है...अन्य प्राणियों के प्रति हिंसाओं से भरी, लेकिन जब आप अपने आज के विकसित और प्रविधियों से आधुनिक हो चुके समाजों द्वारा किये गये संहार और युद्ध और पर्यावरण तथा मनुष्यों के विनाश की व्यापकता को देखते हैं तो क्या ये पुरानी हिंसा बच्चों का खेल नहीं लगती?

तो ऐसा ही कुछ समय था, जब हमने अपने गाँव में पहली बार तिब्बत से आये हुए 'लामाओं' को देखा। उनके परिवारों को देखा। पिताजी ने बताया कि 'लामाओं' के गाँव तिब्बत पर चीन ने हमला कर दिया है और वे भाग कर हमारे यहाँ आ गये हैं। वे लोग सरगुजा के पहाड़ पर रहेंगे, जहाँ 'पहाड़ी कोरबा' और 'ओरांव' लोग रहते हैं। उस समय हम हर तिब्बती को 'लामा' ही कहते थे। जिस जगह वे बसने जा रहे थे उस जगह का नाम था 'मेनपाट'।

हमारे गाँव से तीन किलोमीटर दूर अनूपपुर रेलवे जंक्शन था। आप में से शायद किसी ने मेरे पहले कविता-संग्रह **'सुनो कारीगर'** में वह कविता पढ़ी हो, जिसका शीर्षक है **'अनुकपुर जंक्शन'** और जो ब.व. कारन्त जी को बहुत पसन्द थी। यह एक छोटा-सा जंक्शन है, जहाँ से सरगुजा यानी अम्बिकापुर की ओर जाने के लिए आज भी गाड़ी बदलनी पड़ती है। अगर आप अमरकंटक जाना चाहें, जो सोन और नर्मदा, दोनों का उद्गम है, तब भी आपको अनूपपुर में ही उतरना पड़ेगा। यानी अब आप जान ही गये होंगे कि मेरा गाँव इन दो बड़ी नदियों के उद्गम के बिल्कुल क़रीब है। माफ़ करिये, सोन नदी नहीं, नद है। 'मेल रिवर'। उसे पुराणों में 'भद्र' कहा गया है। देश के उन पाँच पुरुष नदों में से एक जिनमें व्यास, सिन्धू, ब्रह्मपुत्र आदि आते हैं। कहते हैं सोन की तो नर्मदा से शादी होने जा रही थी। मण्डप लग चुका था और फेरे पड़ने वाले थे। बस अचानक नर्मदा को ग़ुस्सा आया और वे विवाह की गाँठ तोड़कर उल्टी दिशा में भाग गयीं। वजह यह कि नर्मदा 'कुलशीला' थीं, यानी ऊँची जाति की और सोन इसलिए 'कुल-भ्रष्ट' हो गया था, क्योंकि उसका प्रेम-प्रसंग एक नीची जाति की लड़की 'जुहिला' से चल रहा था। आप अगर विन्ध्य क्षेत्र के नक़्शे को देखें तो पायेंगे कि 'जुहिला' भी एक नदी ही है, ज़रा छोटी और दुबली-पतली, लेकिन जो जाति बहिष्कृत

अपने प्रेमी सोन से, कटनी के पास, लगभग डेढ़ सौ किलोमीटर की दुर्गम-कठिन यात्रा करने के बाद, मिल जाती है। फिर दोनों बिहार में 'पतित-पावनी', 'मोक्ष-दायिनी' गंगा में समाहित हो जाते हैं। जब कि अपने 'कुल-शील' पर इतराती नर्मदा गंगा से कभी नहीं मिल पाती। वह भारत की अकेली ऐसी नदी है जो उत्तर से पश्चिम-दक्षिण की ओर, यानी उलटी दिशा में बहती है।

हमारे गाँव के लोग कहते हैं देखो भाग्य का खेल और ईश्वर की लीला, कुजात ठहरा दिया गया सोन जुहिला के साथ गंगा में मिलकर तर गया और अहंकारी नर्मदा गिरी जाके लम्पट की गोदी में। कहते हैं कि समुद्र का देवता वरुण लम्पट होता है, इन्द्र और कुबेर की तरह। तमाम यक्षिणियों के साथ फ्लर्ट करने वाला।

तब से कई साल बाद जब मैं आज नर्मदा के 'सरदार सरोवर' बाँध वाले विवाद की ओर देखता हूँ, तो लगता है सचमुच बेचारी नर्मदा कितनी अभागी थी। आज भी (धन) कुबेरों की वासना और लोभ की ज़ंज़ीरों में जकड़ी हुई। क्या उसे अपनी जाति के दम्भ का दण्ड मिला?

ओह, मैं आपको कहाँ भटकाने लगा। दरअसल, मैं ख़ुद ही भटक गया था। हम तो तिब्बत के शरणार्थियों की बात कर रहे थे, जिन्हें हम सब 'लामा' ही कहते थे।

तो...'लामा' अपने परिवारों के साथ उसी अनूपपुर के प्लेटफ़ॉर्म पर उतरते थे। अगली गाड़ी के लिए उन्हें वहाँ कई-कई घण्टे इन्तज़ार करना पड़ता था। कई बार, ख़ासतौर पर बरसात के दिनों में, सरगुजा की ओर जाने वाली वह अकेली गाड़ी, रास्ते में पड़ने वाली नदियों में बाढ़ आ जाने या पटरियों पर पानी भर जाने के कारण कई-कई दिनों के लिए रद्द हो जाती थी, तब 'लामा' हमारी नदी के किनारे की रेत पर आ जाते। वहीं खाते-नहाते। उन्हें वहाँ देखना हम बच्चों के लिए एक बिल्कुल नया दृश्य बनता। याद रखें तब तक टीवी नहीं था और सिनेमा था तो, लेकिन हमारे गाँव तक नहीं पहुँचा था...हमारे गाँव और आस-पास के लोग तो ज़्यादातर

काले रंग के थे। मेरे कई चचेरे भाई और बहनें भी काली ही थीं। लेकिन 'लामा' लोग ख़ूब गोरे और सुन्दर होते थे। उनके बच्चे और स्त्रियाँ भी। बच्चे और स्त्रियाँ तो इतनी सुन्दर होतीं कि उन्हें देखते हमारी आँखें पलक झपकना बन्द कर देतीं।

हम बच्चों को 'लामा' लोग प्यार करते थे। अपने कन्धे पर लटकते गेरुआ झोले में से 'लेमंचूस' और रंगीन मीठी गोलियाँ देते थे। वे हमेशा मुस्कुराते हुए लगते। उनकी आँखें और उनका चेहरा, जब भी देखो तब धीरे-धीरे मुस्कुराता हँसता हुआ लगता। एक अजब-सी शान्ति से भरा...और गेरुआ लबादा पहनने वाले, घुटे हुए सिर वाले बूढ़े लामाओं का तो जैसे पूरा शरीर ही किसी बहुत धीमी मुस्कान में डूबा हुआ लगता।

गाँव वाले कहते कि ये लोग बुद्ध भगवान के पुजारी हैं। तो क्या वह बुद्ध की मुस्कान थी, जो उनकी पूरी देह और उनकी समूची उपस्थिति में दिखाई देती थी? बुद्ध की वही मुस्कान, जिसके नाम पर तब से लगभग सैंतीस साल बाद 1998 में भारत की, अपने आपको 'धार्मिक' कहने वाली सरकार ने परमाणु बम बनाया और फिर अपनी ताक़त दिखाने के लिए पोखरण में फोड़ा?

पिताजी ने एक बार बताया था कि 'लामा' लोगों का असली व्याकरण राहुल सांकृत्यायन ने तैयार किया था। इसीलिए लामा लोग भाषा में राहुल सांकृत्यायन को और धर्म में बुद्ध को गुरु मानते हैं। उसी तरह जैसे तमिल लोगों का व्याकरण अगत्स्य मुनि ने तैयार किया था। पता नहीं इन दोनों बातों में कितनी सच्चाई है, लेकिन मुझे अच्छी तरह याद है पिताजी ने यही कहा था।

मेरा मन उन दिनों अक्सर 'लामाओं' के साथ भागकर सरगुजा के पहाड़ पर हमेशा के लिए चले जाने का करता था। इसके पीछे 'लामाओं' द्वारा दिये जाने वाले लेमंचूस और रंगीन मीठी गोलियों का लालच और उनके व्यक्तित्व में फैले रहस्यपूर्ण, बुद्ध की मुस्कान का चुम्बक तो था ही, अपने बचपन को घेरने वाले एक भयानक डर का भी इसमें हाथ था।

वह डर था महेश सिंह के गोसार में चलने वाले स्कूल और उसके मुच्छड़, त्रिपुण्डधारी, कसरत करने वाले पहलवान मास्टर राजमनी सिंह का, जिन्हें मैं ग़ुस्से, भय और वितृष्णा में 'राज-मटा सिंह' कहा करता था। (मटा–आम और जामुन के पेड़ों में पाये जाने वाले काले, कटखने और बड़े से ख़तरनाक चींटे का नाम होता है।)

राजमटा पहाड़ा और दूनिया ठीक से न रटने वाले लड़कों को सिरकिन या सनई के सोंटे से मारते थे, कनपटी के बाल चिकोटी में भरकर खींचते थे या बड़ेरी की बल्ली में हाथ के पंजों की कैंची बनवाकर उन्हें घण्टों के लिए लटकता छोड़कर ताश खेलने किसी गंजेड़ी-भंगेड़ी के घर चले जाते थे। उस समय तक 'क्रुएलिटि अगेंस्ट चिल्ड्रेन' वाला क़ानून शायद नहीं बना था, वर्ना कोई नहीं तो मैं ज़रूर उन पर मुक़दमा दर्ज करता। राक्षस जैसे राजमनी सिंह उर्फ़ राजमटा सिंह की तुलना में तिब्बत से आये हुए 'लामा' हम बच्चों के लिए दया, वत्सलता, करुणा और प्रेम से भरे देवदूत जैसे लगते थे। मैंने कई बार उनके साथ अपना घर और गाँव छोड़कर भाग जाने की योजना बनायी, लेकिन पता नहीं क्यों, उस पर कभी अमल नहीं कर पाया।

वह आषाढ़ का महीना रहा होगा।

कुछ दिन पहले लगातार हुई बारिश थम चुकी थी लेकिन हवा और मिट्टी में भारीपन और नमी छोड़ गयी थी। शायद आषाढ़ की पहली बारिश थी। वैशाख-जेठ की तीखी धूप में महीनों से जली-झुलसी धरती पर जब वर्षा की पहली बूँदें गिरती हैं तो धरती का अब तक का ताप बुझता है। जैसे गर्म तवे पर पानी के छींटे मार दिये गये हों। और फिर मिट्टी की सोंधी गन्ध चारों ओर भाप बनकर बिखर जाती है। हम गहरी साँसें खींचते हैं और पृथ्वी का सोंधापन हमारे फेफड़ों में भर जाता है। समूची देह में सिहरन दौड़ती है और हम जान जाते हैं कि बरसात आ गयी।

कहते हैं कि महान चित्रकार पिकासो, ऐसी पहली बारिश में, बादलों को घिरते देखकर, अपनी छत पर चढ़ जाता था और नाचने लगता था। वर्षा का आना संसार की और हमारे जीवन की हर बार एक अपूर्व और महान घटना होती है। मैंने अब तक बहुत खोजा लेकिन शायद अभी तक किसी परफ़्यूम कम्पनी ने कोई ऐसा सेंट नहीं बनाया है, जो आषाढ़ की पहली वर्षा के साथ धरती की देह से उठती मिट्टी की गन्ध की स्मृति जगा दे।

ऐसी ही वर्षा के बाद, गरमी के दौरान धरती के भीतर, अपने बिलों में अब तक छिपी असंख्य चींटियाँ अचानक बाहर निकल आती हैं और शाम को आकाश में उड़ने लगती हैं। उनके पंख उग जाते हैं। झुण्ड की झुण्ड वे बाहर आकाश की ओर उड़ती हुई आँगन के ऊपर मँडराने लगती हैं। लेकिन उनके पंख इतने क्षणभंगुर होते हैं, कि बस हवा के एक हलके झोंके या उनकी किसी छोटी उमंग भरी हरकत से तिड़क कर टूट जाते हैं और फिर वे किसी कीड़े की तरह, अपने असली रूप में, किसी शरण्य की खोज में धरती पर गिर कर असहाय रेंगने-भटकने लगती हैं। हम इन चींटियों को पतंगों के नाम से, उनके जीवन के कुछ पलों में जानते हैं।

जहाँ कहीं उजाला दिखे, कोई बिजली का बल्ब, लालटेन या कन्दील, ये पतंगे झुण्ड के झुण्ड वहाँ टूट पड़ते हैं। आषाढ़ की पहली बारिश की शीतलता और कन्दील या बल्ब की जिस रोशनी ने उनके जीवन में भविष्य की नयी आशाएँ जगाई थीं, कुछ ही देर के बाद उसकी वास्तविकता सामने आ जाती है। हर सुबह हम अपनी देह पर उगे निर्बल पंखों के साथ आकाश की ओर उड़ती और किसी उजाले को देखकर एक साथ किसी सामूहिक आशावाद में टूट पड़ने वाली इन चींटियों के अनगिनत शव झाड़ू लगाकर बाहर फेंक देते हैं। उनका वह कुछ पलों के कौतुक और उल्लास से भरा जीवन, सुबह तक कचरे के ढेर में तब्दील हो चुका होता है।

पंख लगी चींटियों के जीवन का यह छोटा-सा अध्याय, उनकी सभ्यता के इतिहास में किसी 'यूटोपिया' के बनने और फिर उसके

टूटने का मार्मिक अध्याय होता है। ठीक मनुष्यों की सभ्यता के इतिहास के किसी खण्ड की तरह। तो, वह ऐसी ही कोई रात थी। आषाढ़ की पहली वर्षा के बाद की कोई रात।

उस रात नदी उतरा रही थी। अगर एक-दो दिन के भीतर फिर पानी बरस गया तो बाढ़ आ जायेगी और नदी हमारी रसोई के पीछे तक बहने लगेगी। रात में घर में, हर ओर, नदी की धार के साथ बहकर आने वाले साँप, गोजर, कनखजूरे और कछुए टहलने लगेंगे। मेढकों का भी तो यही समय होता है। धरती की दरारों में महीनों से समाधि लगाये या 'हाइबरनेट' करते ये तरह-तरह के मेढक भी पहली बरसात के साथ ही बाहर निकल आते हैं और रात भर हम उनकी आवाज़ सुनते हैं। दादुर-धुन। एक अजब-सा संगीत। झींगुरों के गिटार, पहरुए पक्षी की टनक, किसी रात्रि-पक्षी की दूर तक जाती मेंडोलिन या बाँसुरी की संगत में लगातार चलता संगीत।

उस रात आलू और परवल की सब्ज़ी बनी थी। पिताजी की पसन्द। मैं हमेशा की तरह कुछ बनाने या पढ़ने में लगा था। पंख वाली चींटियों पर कुढ़ता-भुनभुनाता हुआ, जो बार-बार किताब के पन्नों पर, मुझ पर या मेरी लालटेन पर आकर गिरती थीं। रात में खाना खाते हुए भी बहुत सतर्क रहना होता है। एक बार ऐसे ही, लालटेन की धुँधली रोशनी में, रात में हमारे घर कोई खाना खा रहा था और जब उसने थाली में रखे अचार को उठाना चाहा तो अचार एक अजीब-सा शोर करता हुआ उड़ गया। हम जूतों के भीतर रात में पाँव डालते डरते हैं। कहीं कोई मेढक, साँप या कोई और जन्तु छुपा न बैठा हो। एक बार फूफाजी ने आधी रात अपने सिरहाने रखी टॉर्च उठानी चाही तो वह अजीब-सी आवाज़ निकालता भाग गया। पता नहीं बारिश से बचने कोई नेवला या ऊदबिलाव उनके तकिये के पास, जहाँ टॉर्च थी, छिपा बैठा था।

मैं हमेशा माँ के साथ खाता था। माँ सब लोगों के खाना खा लेने के बाद बचा-खुचा अपने लिए लेकर बैठती थीं। हाँ, मेरे

लिए एक कटोरी सब्ज़ी वह हमेशा अलग से रख लेती थीं। खाना खाने के बाद हाथ-मुँह धोने और कुल्ला करने के लिए जब मैंने रसोई का पिछला दरवाज़ा खोला तो नदी के शोर, झिलमिलाते अन्धकार और रात की असंख्य आवाज़ों ने मुझे चारों तरफ़ से घेर लिया। अगर आपका घर किसी नदी के तट पर है तो आप जान सकते हैं कि यह सब कितना अजब और सम्मोहक होता है। चारों ओर से घेर कर आपको अपने भीतर खींचकर डुबा लेने वाला। लेकिन हमेशा भय और दुःस्वप्न के एक साथ-साथ चलने वाले अनुभव के साथ।

कितना विरल होता है बाढ़ में उतराती नदी के पास रात में अकेले खड़े होना। किसी इन्द्रजाल में बिंधे हुए। अन्दर-अन्दर भय से सिहरते हुए। फिर भी वहाँ से हटने से इनकार करते हुए।

और तभी मेरी निगाह अँधेरे में, बाढ़ में उतराती नदी के दूसरे पार की ओर गयी। वहाँ पहले, वर्षों पहले, एक मन्दिर हुआ करता था। वहाँ बुद्ध की एक मूर्ति थी। तथागत। लेकिन उन्हें चन्दन-टीका लगाकर दूसरे देवी-देवताओं के साथ रख दिया गया था। कहते थे कि वे सिद्ध-भगवान हैं। इस पूरे इलाके में अब भी बुद्ध की बहुत-सी खण्डित, टूटी-फूटी प्रतिमाएँ यहाँ-वहाँ मिलती हैं।

उस इलाके में जब कोई कुआँ खोदता है या अपने नये घर की नींव, तो ऐसी मूर्तियों का मिलना एक सामान्य-सी बात है। कलिंग का वह क्षेत्र, जहाँ अतिक्रमणकारी सम्राट् अशोक की सेना ने निहत्थे, ग़रीब, शान्त लोगों के अहिंसक प्रतिरोध के उत्तर में भयावह जनसंहार किया था और फिर जहाँ से पूरब-दक्षिण, राजगीर-उदयगीर तक पहुँचते-पहुँचते उसे स्वयं अपनी हिंसा से ग्लानि हुई थी और वह बौद्ध हो गया था, उस उत्कल-कलिंग क्षेत्र का सीमान्त विन्ध्य पर्वत की इसी शृंखला के पास है। मैं कई बार सोचने लगता हूँ कि बुद्ध की प्रतिमाओं को तोड़कर जगह-जगह मन्दिर खड़ा कर देने वाले लोग आख़िर कौन थे? ब्राह्मण? प्राचीन इतिहास के हिन्दू तालिबान? या कोई और?

उस रात बाढ़ में उफनती नदी के दूसरे पार आग की लाल, पीली, नीली लपटें किसी क्रम में टहल रही थीं। जैसे कुछ लोग अपने हाथों में नन्ही-नन्ही मशालें लिए एक वृत्त में घूम रहे हों। हमारे गाँव में माना जाता है कि रात में चितावर की लकड़ी इसी तरह जलती है। और अगर उसे नदी के पानी में डुबा दिया जाय तो वह साँप बन जाता है। लेकिन चितावर को पकड़ पाना आसान नहीं होता। अगर कोई उसे पकड़ ले तो चितावर पारस पत्थर की तरह काम करता है। यानी जिस भी धातु को चितावर की लकड़ी से छू दोगे, वह सोना बन जायेगा।

बचपन में हम में से बहुतों की फैंटेसी में चितावर को पाना उसी तरह उपस्थित था जैसे बहुत पहले अरब, इजिप्ट और मेसोपोटामिया के अलकीमियागरों (अलकेमिस्ट) की फैंटेसी में किसी ऐसे रासायनिक फॉर्मूले की खोज, जो किसी भी धातु या पदार्थ को सोने में बदल दे। क्योंकि हर पदार्थ (मैटर) तो असल में एक ही होता है, उसकी आन्तरिक संरचना ही उसे दूसरों से भिन्न बना डालती है। पदार्थ की उसी आन्तरिक संरचना को बदलने वाले सूत्र को खोज निकालने के शताब्दियों तक चलने वाले प्रयत्नों के बीच ही उस विज्ञान का जन्म हुआ जिसे हम 'केमिस्ट्री' के नाम से आज जानते हैं।

क्या हमारे 'मकांदो' जैसे गाँव की चितावर वाली अवधारणा के पीछे भी कोई ऐसा ही विज्ञान था, जिसका आविष्कार आज तक नहीं हो पाया? या वह सब एक सामुदायिक लोक-विश्वास था? एक पूर्व-आधुनिक मिथ्या चेतना? कोई अन्धविश्वास? बाद में, जब मैं आठवीं दर्जे में पढ़ता था, तब केमिस्ट्री के हमारे अध्यापक वर्मा जी, जो काले रंग के थे, चेहरे में चेचक के दाग थे और जिनकी आँखें हमेशा लाल रहती थीं, ने बताया था कि रात में मरे हुए जानवरों और मनुष्यों की हड्डियों का फास्फोरस भी ऑक्सीडाइज हो कर इसी तरह जलता है और लोग डर जाते हैं।

(प्रोफ़ेसर वर्मा जी के बारे में मैं फिर कभी लिखूँगा, क्योंकि अरब के कीमियागरों की तरह वे भी किसी भी धातु को सोने में बदलने के रहस्यपूर्ण वैज्ञानिक प्रयोगों में लगातार पागलों-तान्त्रिकों की तरह लगे रहते थे और मेरे कुछ सहपाठियों के मुताबिक़, वे एक बार इसमें अचानक कामयाब भी हो गये थे। लेकिन अपने उस करतब को वे दुबारा नहीं दोहरा पाये क्योंकि कोई न कोई एक ऐसी चीज़ वे भूल गये थे, जिसने उस एक बार यह करिश्मा कर डाला था। तभी से उनका दिमाग़ कुछ सनक गया था। वे बहुत निराश आवाज़ में कहते थे—'मेरे हाथ विज्ञान आते-आते फिसल गया। वह जादू होकर रह गया।' सच बात, विज्ञान तो वही होता है, जिसे बार-बार दोहराया जा सके। जो किसी नियम के अधीन कोई करिश्मा हर बार करता हो। नहीं तो बस, जादू!)

बहुत बाद में मैंने बोर्खेज़ की या शायद किसी दूसरे लातीनी अमेरिकी लेखक की वह कहानी पढ़ी, जिसमें अमेरिका का किसी शहर का एक व्यक्ति लगातार अपने सपने में बर्फ़ से ढँके पहाड़, उसकी तलहटी पर बसी बस्तियों और रास्ते में चलने वाले लोगों के काफ़िले का दृश्य वर्षों से देखता रहता है। फिर उसे लगने लगता है कि जिस शहर में वह रह रहा है, वहाँ वह कोई अजनबी या आप्रवासी है। वह तो यहाँ का...इस शहर का है ही नहीं। फिर उसे अपनी पत्नी और अपने बच्चे यानी अपना पूरा परिवार कुछ पराया-सा लगने लगता है।

...और तब, बेचैन होकर, अधेड़ से भी अधिक की उम्र में वह उस जगह की खोज में निकल पड़ता है, जिसके दृश्य वह बचपन से अपने सपने में देखता आया है। आख़िर सारी दुनिया भटकने के बाद एक दिन वह तिब्बत पहुँचता है और स्तब्ध रह जाता है। ठीक वैसे ही बर्फ़ से ढँके पहाड़, ठीक वैसी ही बस्ती, उसी तरह के घर। नटों या घुमक्कड़ जिप्सियों जैसे दिखते लोगों का एक झुण्ड भी ठीक उसी काफ़िले जैसा, जो वह हमेशा अपने स्वप्न में देखता आया था।

तभी उस काफ़िले में से एक औरत उसे पहचान लेती है और दो छोटे-छोटे बच्चों के साथ तिब्बती में उसका कोई नाम पुकारती हुई बदहवास उसकी ओर दौड़ती है और उससे लिपटकर रोने लगती है। दोनों बच्चे भी उससे चिपक जाते हैं। इस तरह कई वर्षों तक किसी पराये देश के पराये शहर में पराये लोगों के बीच रहे आने वाला वह व्यक्ति आख़िरकार उस दिन पहचान लिया जाता है। उसे अपने असली नाम का पता चलता है और हमेशा के लिए वह अपने परिवार के साथ रहने लगता है।

(18 अप्रैल, 2008)

अन्तिम कड़ी

आषाढ़ महीने की उस रात, नदी के पार, दूसरे तट पर, रहस्यपूर्ण आग की धुँधली-झिलमिलाती नन्ही-नन्ही लपटें टहल रही थीं। हमारे बीच की दूरी में बाढ़ में उतराती नदी की तेज़ धार और उसका हहराता हुआ शोर था। मैंने माँ को पुकारा, 'मम्मा, देखो नदी के पार चितावर जल रहा है।'

माँ उठकर आयीं। उन्होंने गौर से देखा और कहा, 'सुनो, क्या तुम्हें कोई आवाज़ सुनाई नहीं दे रही है, आदमियों की?'

मैंने अपने कान उधर लगाये। धीरे-धीरे बाढ़ के शोर और रात की दूसरी ध्वनियों में कहीं डूबी हुई मनुष्यों की आवाज़ें सुनाई देने लगीं। कुछ ही पलों बाद पता लगने लगा कि इसमें संगीत जैसा कुछ है। कुछ ध्वनियों की बार-बार आवृत्ति।

माँ रसोई के अन्दर जा चुकी थीं और मैं वहीं खड़ा था चुपचाप। उन रंगीन धुँधली रोशनियों को घूमते-टहलते देखता और वहाँ से उठने वाली आवाज़ों को सुनने की चेष्टा करता हुआ।

कुछ देर के बाद, उन सुदूर रोशनी के वृत्तों में से मनुष्यों के आकार झलकने लगे। अस्पष्ट, अस्थिर लेकिन निश्चित जीवित मानव आकृतियाँ। कुछ-कुछ उस जैसा, जैसा मैंने एक बार बचपन में रेडियो के भीतर देखा था, लेकिन जिसे बाद में बड़े और वयस्क लोगों ने मेरा सपना कहकर टाल दिया था। तभी से मैंने यह तय कर लिया था कि भविष्य में अपने साथ घटने वाली ऐसी कोई घटना दूसरों को नहीं बताऊँगा, जिस पर उनको विश्वास नहीं होगा। अगर आप मेरी एक बहुत पहले लिखी गयी कहानी 'डिबिया' पढ़ेंगे, तो आपको मेरे इस निर्णय के बारे में पता चल जायेगा।

उस रात भी मैं यही सोच रहा था। मेरी आँखें साफ़ देखने लगी थीं कि नदी के उस पार, नन्ही-नन्ही कन्दीलें लिए और किसी लय में लगातार कुछ बोलती-दोहराती हुई वे आकृतियाँ किसी और की नहीं, लामाओं की ही हैं। पिताजी ने बताया था कि उनके गाँव तिब्बत पर चीन ने हमला कर दिया है और वे अपना घरबार, सब कुछ वहाँ छोड़कर, भाग कर हमारे देश में चले आये हैं। अब वे सरगुजा के उस पहाड़ पर रहेंगे, मेनपाट में, जहाँ 'पहाड़ी कोरबा' और 'ओराँव' रहते हैं।

तो, इसका मतलब, नदी के पार आग का वह खेल, चितावर या मृत पशुओं और मनुष्यों की हड्डियों में उपस्थित फास्फोरस के ऑक्सीजन में जलने से पैदा होने वाला दृश्य नहीं था, वह कोई विभ्रम या स्वप्न भी नहीं था, बल्कि वहाँ एक असली और वास्तविक घटना घट रही थी।

मैं पता नहीं कितनी देर तक वहाँ, रसोई की पछीत में, बाढ़ में उफनते सोन के किनारे, अँधेरे के पार यह दृश्य देखते और अपने कान वहाँ से उठने वाले शब्दों को पकड़ने में लगाये, ध्यानमग्न, चुपचाप खड़ा रहा।

माँ ने खाना खा लिया था। बचा-खुचा खाना अलमारी में रख दिया था। बरतन समेट दिये थे। इसके बाद वह बाहर आयीं और मुझसे पूछा—'कुछ पता चला? कौन लोग हैं?'

उत्तर में मैंने सिर्फ़ इतना कहा कि 'मुझे तो लामा लग रहे हैं।' और चुप हो गया।

लेकिन मैं सच कह रहा हूँ कि उस रात मुझे स्पष्ट लगा था, कि जो संगीत जैसी आवाज़ वहाँ से आ रही थी, वह कोई गाना नहीं, कोई ऐसा मन्त्र था, जिसमें कोई दारुण विलाप भी सम्मिलित था। जैसे कोई समूची आत्मा, देह और हृदय के साथ, अपने पूरे अस्तित्व के साथ रोते हुए शोकगीत में कोई प्रार्थना करे।

अगली सुबह नदी में और ज़्यादा बाढ़ आ चुकी थी। इतनी बाढ़ में पेड़ के तने को खोखला करके बनाया गया हमारे गाँव का डोंगा, बाँस की बल्ली से ठेलकर चलाया नहीं जा सकता। बल्ली तो नदी की धार की थाह ही नहीं पायेगी।

सुबह मैंने फिर रसोई की पछीत से जाकर उस जगह को देखा, जहाँ रात में यह घटना घटी थी। लेकिन वहाँ कोई नहीं था। वह जगह सुनसान थी लेकिन उस तक बाढ़ के कारण पहुँचा नहीं जा सकता था।

कई दिनों के बाद गाँव के लोगों ने बताया कि अनूपपुर से सरगुजा की ओर जाने वाली रेलगाड़ी पाँच-छह दिनों के लिए रद्द हो गयी थी और वहाँ स्टेशन के प्लेटफ़ॉर्म पर किसी बीमार तिब्बती शरणार्थी की मृत्यु हो गयी थी।

इसका मतलब यह हुआ कि उस रात लामा लोग उसी अपने साथी का अन्तिम संस्कार करने नदी के तट पर आये थे।

मैं आज तक नहीं जानता कि लामा मृतक का अन्तिम संस्कार किस तरह करते हैं। उसे दफनाते हैं, जलाते हैं, पारसियों की तरह कहीं शव को छोड़ देते हैं या नदी में बहा देते हैं। लेकिन मुझे इतना ज़रूर लगता है कि अपने घर और देश से हज़ारों मील दूर, जब कोई तिब्बती किसी और पराये देश में मरता है, तो अन्तिम संस्कार के समय लामा जो प्रार्थना करते हैं या मन्त्र पढ़ते हैं, तो वह असल में, ध्यान से सुनो तो, और कुछ नहीं, एक विलाप जैसा कुछ होता है। बहुत मार्मिक। भीतर तक बेध डालने वाला। व्याकुल कर डालने वाला।

और अगर कोई सिर्फ़ राजनीतिक नहीं रह गया है, उसके भीतर मनुष्य जैसा कुछ बचा रह गया है तो उसकी स्मृति का पीछा यह विलाप कभी नहीं छोड़ता।

मेरी स्मृति में तो यह दृश्य इसलिए भी अमिट रहा आया क्योंकि माँ की मृत्यु के बाद ही मैंने गाँव का वह घर छोड़ दिया था और फिर पिताजी की मृत्यु के बाद तो वहाँ लौटने का विकल्प ही नहीं था।

इस घटना के वर्षों बाद, 1975-76 में, जब मैं जे.एन.यू. में शोधछात्र था, जहाँ बाद में कुछ समय के लिए अध्यापक भी हुआ, तब मैंने वहाँ की लाइब्रेरी में विश्वप्रसिद्ध कथाकार असिमोव की एक कहानी पढ़ी। वह कहानी मुझे कभी नहीं भूलती। उस कहानी का सारांश, स्मृति के सहारे आपको बता रहा हूँ।

अमेरिका के दो भाषावैज्ञानिक को कहीं से पता चलता है कि ल्हासा के प्राचीन बौद्धमठ में तिब्बत की प्राचीन लिपि में लिखी गयी एक ऐसी पाण्डुलिपि है, जिसमें सृष्टि के निर्माण और विनाश

का सारा रहस्य बन्द है। लेकिन समस्या यह है कि 'मोहनजोदाड़ो' की लिपि की तरह ही, उस अज्ञात लिपि को भी अभी तक संसार का कोई भाषावैज्ञानिक 'डिकोड' नहीं कर पाया है। पश्चिम और अमेरिका ही नहीं, कई दूसरे देशों के भाषावैज्ञानिक चोरी छुपे उस सैकड़ों पृष्ठों वाली पाण्डुलिपि के कुछ पन्नों की नक़ल अपने साथ ले गये हैं और भरपूर मेहनत की है, लेकिन अभी तक कोई सफल नहीं हुआ है। उस मठ के लामाओं के अनुसार इस अज्ञात लिपि को किसी अन्य भाषा में समझना या बदलना वर्जित है। उनकी मान्यता के अनुसार, जिस दिन कोई मनुष्य इस पाण्डुलिपि को पूरी तरह 'डिकोड' कर देगा, यह समूची सृष्टि उसी पल नष्ट हो जायेगी।

अमेरिका के वे दोनों वैज्ञानिक दिन-रात उस अज्ञात लिपि का अध्ययन करने में लगा देते हैं। कई वर्षों के बाद वे दोनों उस लिपि को 'डिकोड' करने में सफल हो जाते हैं और फिर एक छोटा 'टू-सीटर' हवाई जहाज़ लेकर तिब्बत पहुँचते हैं और वहाँ के लामा से उस रहस्यपूर्ण पाण्डुलिपि को देखने और पढ़ने की इच्छा प्रकट करते हैं।

लामा उन्हें मठ में, उस पाण्डुलिपि को देखने और पढ़ने की अनुमति तो देता है लेकिन कड़े शब्दों में उन्हें चेतावनी भी देता है कि वे उसे 'डिकोड' करने और दूसरी, आज की किसी जीवित भाषा में बदलने और व्याख्यायित करने की कोशिश न करें, वर्ना यह सृष्टि समाप्त हो जायेगी।

दोनों भाषावैज्ञानिक रोज़ उस मठ के भीतर जाकर, उस प्राचीन पाण्डुलिपि को चोरी से 'डिकोड' करना शुरू कर देते हैं। क्योंकि वे जानते हैं कि लामाओं की यह मान्यता किसी पूर्व-आधुनिक, पूर्व-वैज्ञानिक समय में जन्म लेने वाले अन्धविश्वास से अधिक और कुछ नहीं है।

लगभग दो महीने की दिन-रात की कठिन मेहनत के बाद वे पाण्डुलिपि के अन्तिम पृष्ठ तक पहुँच जाते हैं। फिर अन्तिम पैरा तक। और फिर आख़ीर में पाण्डुलिपि का सिर्फ़ अन्तिम वाक्य बचता है।

इस जगह दोनों को गहरा असमंजस होता है। एक दुविधा, जिसमें एक तरह का भय भी शामिल है। कहीं लामाओं की वह प्राचीन मान्यता सच हुई तो?

अन्त में वे दोनों उस अन्तिम वाक्य को भी 'डिकोड' करने का निर्णय लेते हैं और कुछ ही पलों में उसे पूरा कर डालते हैं।

वे दोनों ल्हासा के उस प्राचीन बौद्धमठ से बाहर निकलते हैं। बाहर बर्फ़ उसी तरह है, वैसी ही शान्ति, उसी तरह बस्तियाँ और चहल-पहल। कहीं कुछ नहीं बदला। दोनों को हँसी आती है।

उसी रात वे लामा से विदा लेकर अमेरिका के लिए उड़ जाते हैं। इतने वर्षों तक अज्ञात और अबूझ रही आयी एक प्राचीन लिपि को विखण्डित कर डालने और अब उसे आज की आधुनिक भाषा में ले जाने का गर्व एक तरफ़ और तिब्बतियों के पुराने अन्धविश्वास के ग़लत सिद्ध हो जाने की प्रसन्नता दूसरी तरफ़। दोनों नशे में हैं और तिब्बतियों का पेय 'छंग' पी रहे हैं।

और तभी उनके एयरक्राफ्ट का पायलट डरा हुआ कहता है, 'सर, उधर तो देखिये, सामने! ये क्या हो रहा है?'

दोनों भाषावैज्ञानिक स्तब्ध रह जाते हैं।

वे सामने, अन्तरिक्ष की ओर देखते हैं,... वहाँ सौरमण्डल के चमकते हुए सारे नक्षत्र एक-एक कर बुझ रहे हैं।

अगर आपने मेरी कहानी 'वारेन हेस्टिंग्स का साँड़' पढ़ी है तो उसके नायक साँड़ को अच्छी तरह से जानते होंगे, जिसे तिब्बत के एक बूढ़े लामा ने सैम्युएलटर्नर को दिया था, और जो दरअसल एक याक था। इस कहानी की अन्तिम पंक्तियाँ एक बार फिर पढ़िये।

"...वैसे तिब्बत का वह बूढ़ा लामा दिल्ली के 'मजनूं का टीला' नामक इलाके में शरणार्थी के रूप में अब भी रहता है। उसे सैम्युएलटर्नर की याद है, जिससे वह लगभग सवा दो सौ साल पहले मिला था।

रहस्यभरी झुर्रियों में मुस्कुराता हुआ वह लामा कहता है, 'वह साँड़ अभी मरा नहीं है।' "

'तिब्बत' कविता, जिसे 1980 का **'भारत भूषण अग्रवाल'** पुरस्कार मिला और जिस पर दिल्ली और देश की राजधानियों के चर्चित और संगठित कवियों ने राजनीतिक विवाद पैदा किया, वह 'तिब्बत' कविता ही मेरा घर है।